中国农村金融改革绩效评价：

2003—2013

刘锡良　刘海二◎著

中国金融出版社

责任编辑：戴　硕　董　飞
责任校对：李俊英
责任印制：程　颖

图书在版编目（CIP）数据

中国农村金融改革绩效评价：2003—2013（Zhongguo Nongcun Jinrong Gaige Jixiao Pingjia：2003—2013）/刘锡良，刘海二著．—北京：中国金融出版社，2014.7
ISBN 978-7-5049-7531-7

Ⅰ.①中… Ⅱ.①刘…②刘… Ⅲ.①农村金融改革—研究—中国—2003—2013　Ⅳ.①F832.1

中国版本图书馆 CIP 数据核字（2014）第 095218 号

出版
发行　　中国金融出版社
社址　　北京市丰台区益泽路 2 号
市场开发部　（010）63266347，63805472，63439533（传真）
网　上　书　店　http://www.chinafph.com
　　　　　　　（010）63286832，63365686（传真）
读者服务部　（010）66070833，62568380
邮编　100071
经销　新华书店
印刷　利兴印刷有限公司
尺寸　169 毫米×239 毫米
印张　12.25
字数　156 千
版次　2014 年 7 月第 1 版
印次　2014 年 7 月第 1 次印刷
定价　45.00 元
ISBN 978-7-5049-7531-7/F.7091
如出现印装错误本社负责调换　联系电话（010）63263947

序 言

改革开放三十年来，我国政府一直致力于农村金融体制改革，逐步建立了由中国农业银行、中国农业发展银行、农村信用社、邮政储蓄银行和新型农村金融机构等组成的正规金融，同时伴随经济的发展也产生了民间借贷、高利贷、私人典当、私人钱庄、合会等非正规金融，二者共同构成了我国农村金融体系。

2003年以前，我国农村金融改革缓慢推进。1979年2月，国务院下发《关于恢复农业银行的通知》，农村信用社成为农业银行的基层机构。1981年5月，国务院转批《中国农业银行关于农村借贷问题的报告》，肯定了民间借贷的作用。1984年8月，国务院转批《中国农业银行关于改革信用社管理体制的报告》，提出把农村信用社真正办成群众性的合作金融组织。1994年4月，国务院下发《关于组建中国农业发展银行的通知》，中国农业发展银行成立。1996年8月，《国务院关于农村金融体制改革的决定》明确要求，农信社与农业银行脱离行政隶属关系。1998年11月，国务院办公厅转发《中国人民银行关于进一步做好农村信用社改革整顿规范管理工作意见》，要求对农村信用社进行清产核资，按合作制进行规范改造。1999年1月，国务院下令全国统一取缔农村合作基金会。

2003年至今，我国农村金融改革进入深化阶段。2003年8

月，国务院批准颁布了《深化农信社改革试点方案》（国发〔2003〕15号文件），按照"国家宏观调控、加强监管，省级政府依法管理、落实责任，信用社自我约束、自担风险"原则，决定在全国8个省市率先开始进行农信社改革试点，2004年改革试点在全国其他21个省市铺开。自2005年下半年起，在山西、四川、陕西、贵州、内蒙古5个省区进行了小额贷款公司的试点。2006年末，海南省农信社试点工作正式启动，标志着农信社改革在全国范围内全面推开。2006年12月，银监会发布《调整放宽农村地区银行业金融机构准入政策的若干意见》，首次允许产业资本和民间资本到农村地区新设银行，同时提出在农村增设村镇银行、贷款公司和农村资金互助社等新型农村金融机构。2007年3月，邮政储蓄银行正式成立，邮政储蓄只存不贷的历史宣告结束，与之同时，定期存单小额质押贷款等服务农村的业务在全国铺开。2008年10月，中国共产党第十七届中央委员会第三次全体会议通过的《中共中央关于推进农村改革发展若干重大问题的决定》提出了建立农村现代金融制度，指出要为农村经济发展提供充足的资金支持。

我国农村金融改革不仅仅是一个结果，更是一个过程。综观改革开放以来的农村金融改革，表面上看是农村金融工具、金融组织和金融结构不断专业化、多样化和复杂化，实质上是农村金融分工不断深化的过程。这种专业化分工来源于两个方面：一是来源于农村金融外部性，国家考虑到农村金融的外部性，会审慎地推进农村金融分工水平的深化；二是来源于农村经济发展的需要而导致的金融内生性分工。

农村经济发展阶段不同，农村的金融需求也就不同，相应的农村金融供给体系也应随之变化。在小农经济阶段，政策性金融和合作性金融应该起主导作用。在贫困地区，为了满足农户的生存需求，政策性金融的作用应该是主要的。农村经济初步进入良性发展阶段，合作金融是首选金融形式。在那些经济初步进入良性循环轨道的农村地区，农户往往有了部分积累，在政策性金融层面，他们不再是最重要的对象；在商业性金融层面，他们依然具备风险较高、资金需求量较少的特征，合作金融是这一经济发展阶段的首选金融形式。商业性金融主要适合于商品经济发达的城市和达到一定规模经济的工业化程度较高的富裕农村，与现代商品经济社会化大生产相联系，所以在农村专业化和市场化阶段，商业金融应该起主导作用。

总之，金融服务实体经济需要具备一定的条件，即不同类型的金融机构要与相应的需求结构相匹配。多元化的中国农村需要多样化的金融机构，大型商业银行与商业化大生产相联系，在城市地区和农村发达地区具有一定优势，属于"生人社会"的信用。贫困地区属于"熟人社会"的信用，需要像小型社区商业银行、合作性金融这样的金融机构，如果强行把"生人社会"的信用嫁接到"熟人社会"，可能会导致一系列问题。

我们的研究表明，2003年以来的农村金融改革在一定程度上改善了农村金融机构的治理结构，提高了其盈利水平。但农村金融改革后，服务"三农"相对有所下降，在现实条件下盈利与支农具有一定的冲突性。本研究首先从机构角度（即供给）来评价金融改革的绩效。接下来，从农户角度（即需求）来评价农村金融机构改革的绩效。最后，通过对农村金融改革的绩效评价，提炼出农村金融改革的核心问题，并展望了农村金融未来的发展方向。本书的主要研究框架如下：

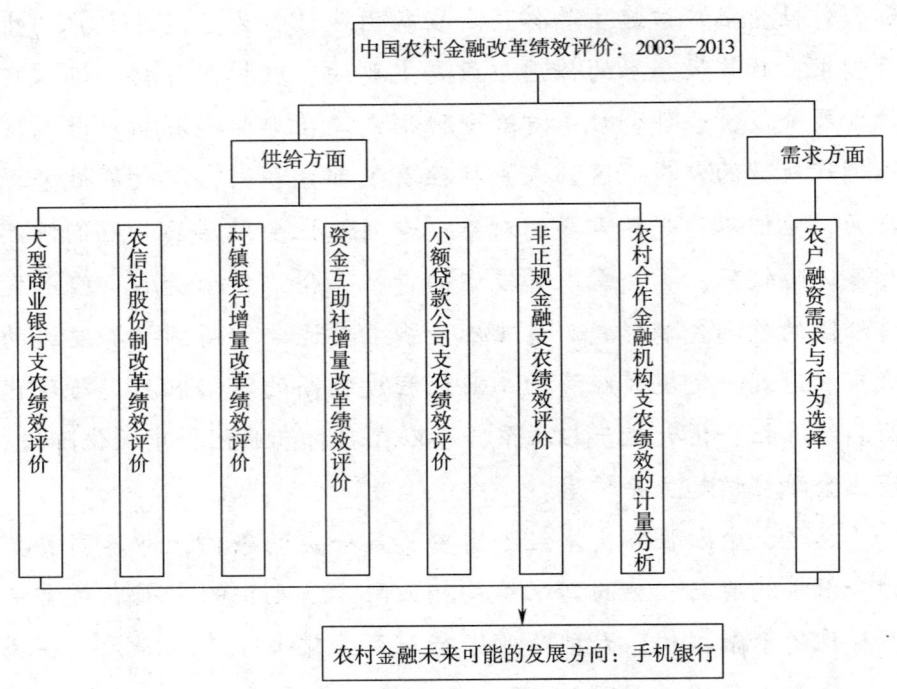

本书是刘锡良教授主持的教育部人文社会科学重点研究基地重大项目"中国农村金融改革跟踪研究与绩效评价"的研究成果。自项目申请以来，课题组开展了多次学术会议，并赴四川、重庆、贵州、陕西、温州等地调研农村金融改革的情况，调研对象包括金融机构、农户和农村企业等，拟订了详细的调研计划，并设置了调研问卷，根据调研问卷进行了深入的分析，在对各地方农村金融改革进行初步评价的基础上，综合宏观金融数据，对农村金融改革的整体绩效进行了评价。在详细调研的基础上，我们还走访了北京、广西、上海、广州等地的农村金融机构，就农村金融改革的绩效进行了深入的交谈，获得了对农村金融改革的感性认识。同时本课题还对样本地区的农村金融需求情况进行了调研，进而从需求角度对农村金融改革的绩效进行了评价。

本课题由刘锡良教授主持并提出研究的基本思路与框架体系，核心成员包括：刘海二博士、陈鹏博士、刘利红博士、苗文龙博士、王锦阳博士、叶淼硕士、谭敏珑硕士、吉仁泰硕士、刘清漪硕士、徐翔硕士等。在课题的设计与论证过程中，西南财经大学董青马副教授、洪正教授、颜文业副教授、周凯副教授、彭克强副教授、莫建明副教授等给予了许多指导与支持，并提出了很好的建议。中国金融出版社戴硕主任和董飞女士为本书的出版给予了大力支持。在此，一并表示衷心的感谢。

目　　录

第一章　导言 ………………………………………………………… 1

第二章　大型商业银行支农绩效评价 ……………………………… 4
　第一节　中国农业银行"三农事业部" …………………………… 4
　第二节　中国农业发展银行扩大业务范围 ………………………… 9
　第三节　邮政储蓄改革及其小额信贷试点 ………………………… 10
　第四节　其他大型商业银行支农服务 ……………………………… 13

第三章　农信社股份制改革绩效评价：农商行案例研究 ………… 15
　第一节　我国农信社的发展历程 …………………………………… 15
　第二节　农信社股份制改革：理论与实践评述 …………………… 21
　第三节　案例的基本情况 …………………………………………… 23
　第四节　股权结构与法人治理 ……………………………………… 24
　第五节　风险管理水平 ……………………………………………… 26
　第六节　盈利能力评价 ……………………………………………… 28
　第七节　支农服务评价 ……………………………………………… 30
　第八节　盈利与支农：冲突还是兼容 ……………………………… 31

第九节 农信社未来的发展方向 ………………………………… 35
第十节 结论与政策建议 …………………………………………… 36

第四章 村镇银行增量改革绩效评价 ……………………………… 38
第一节 村镇银行的发展现状 …………………………………… 38
第二节 村镇银行的股权结构与公司治理 ……………………… 39
第三节 村镇银行的支农服务 …………………………………… 42
第四节 村镇银行的可持续性 …………………………………… 44
第五节 村镇银行与社会资本 …………………………………… 48

第五章 资金互助社增量改革绩效评价：益民个案 …………… 54
第一节 益民资金互助社的运行机制 …………………………… 55
第二节 益民资金互助社的治理结构 …………………………… 59
第三节 益民资金互助社的支农服务 …………………………… 60
第四节 益民资金互助社的可持续性 …………………………… 65
第五节 农村资金互助社绩效的影响因素 ……………………… 68

第六章 小额贷款公司支农绩效评价 ……………………………… 78
第一节 小额贷款公司的发展现状 ……………………………… 78
第二节 小额贷款公司的支农情况 ……………………………… 81
第三节 小额贷款公司与农村其他金融机构的关系 …………… 83
第四节 小额贷款公司未来的发展方向 ………………………… 86

第七章 非正规金融支农绩效评价 ………………………………… 88
第一节 非正规金融的发展现状 ………………………………… 88
第二节 非正规金融的支农情况 ………………………………… 90

第三节 非正规金融的发展方向 …………………………… 91

第八章 农村合作金融机构支农绩效的计量分析 ……………… 95
    第一节 引言 …………………………………………………… 96
    第二节 理论分析与研究假设 ………………………………… 98
    第三节 研究设计 …………………………………………… 105
    第四节 实证结论 …………………………………………… 109
    第五节 研究结论 …………………………………………… 116

第九章 农户融资需求与行为选择 …………………………… 124
    第一节 引言与文献综述 …………………………………… 124
    第二节 研究设计与模型设定 ……………………………… 129
    第三节 样本选择与数据描述 ……………………………… 135
    第四节 实证检验结果 ……………………………………… 139
    第五节 研究结论 …………………………………………… 149

第十章 农村金融未来可能的发展方向：手机银行 ………… 151
    第一节 农村金融改革引发的思考 ………………………… 151
    第二节 国外手机银行的典型模式及特点 ………………… 155
    第三节 我国农村手机银行的发展现状 …………………… 157
    第四节 我国农村推行手机银行的可行性 ………………… 158
    第五节 手机银行与农村金融信息处理：基本机制 ……… 161

附件：手机银行案例 ………………………………………… 165

参考文献 ……………………………………………………… 176

第一章 导　言

自 2003 年农村信用社股份制改革以来，我国农村金融改革如火如荼地进行，存量改革与增量改革并存，既有新型农村金融机构的增量改革，又有农村信用社、农业银行、邮政储蓄银行等的存量改革。综观这十年的农村金融改革实践，其典型特征是政府主导的外生演进模式。农信社的股份制改革、新型农村金融机构的诞生……无不深深烙下政府的痕迹。从制度变迁角度讲，这是一种政府主导的强制性制度变迁，是被动变迁而非主动变迁，是政治需求而非市场需求。这种政府主导的外生演进模式，难以充分考虑农村金融的需求和农村金融赖以生存的经济基础，从一开始，就埋下了"隐患"。

21 世纪初的重要十年，我国农村金融改革的成效又如何？对此，我们不能断然下结论，需要在制定绩效改革标准的基础上，运用科学的绩效评价方法来回答，本书的内容正是对这一问题的回答。

关于绩效评价的标准，我们认为农村金融的"农村"二字本身就蕴含着标准，农村金融不管怎么改，其目标必须发挥支农的作用，不然就不能称之为农村金融。诚如王芳（2005）所言，一种金融制度是否适当，归根结底要以其能否有效地服务于多样化的客观金融需求为评价标准。如果不符合这条标准，农村金融改革在某种程度上就是失败的。农村金融自身可持续性的提高，或者是盈利能力的提高，必须与支农齐头并进，如果盈利能力的提高是通过牺牲支农来达到的，那么这种自身的持续性，也不是农村金融的可持续性，只能是金融的可持续罢了。因此，农村金融改革绩效评价标准的第一条就是支农目标是否得以实现？其次才是金融机构的可持续和盈利能力，如果金融机构不能实现自身的可持续性，这样的支农也就不能持久。并且还可能存在道德风险，因为如果政府要求农村金融机构支持三农，金融机构如果亏损，就可以将亏损归咎为支持三农，从而要求政府支持。

关于绩效评价的方法，我们以农信社改革的绩效评价为例进行说明，已有文献主要体现在两个方面：一是数据搜集与整理，二是数据处理方法。

关于数据搜集与整理，一些学者较为全面地调查了改革试点以来的农信社，如谢平、徐忠和沈明高（2006）对第一批试点8个省的49个县（市）信用社联社和第二批试点的23个县（市）联社进行了问卷调查，并且时间跨度为2000—2004年。覃道爱、李兴发（2009）搜集了2004—2007年各省市农信社改革的数据。而有些学者仅就某一省市的数据进行搜集，如张兵、曹阳（2010）搜集了苏南9家农村商业银行与15家农村信用社1999—2008年的相关数据，陈鹏（2010）搜集了2002—2007年贵州88家农村合作金融机构的数据。宋磊、王家传（2007）则对山东省某市所辖120多个基层农村信用社，通过现场问卷调查与走访座谈相结合的方式搜集数据。

关于数据处理方法，无外乎如下几种。一是运用数据包络分析（DEA）进行绩效评价，如覃道爱、李兴发（2009）应用多阶段SBM – Undesirable模型，从农村信用社改革前后的盈利能力、风险程度、可持续发展能力及外部环境等因素，分析我国农村信用社改革的绩效。二是使用单纯的计量模型来研究农村信用社改革绩效，如陈鹏（2010）通过构造贵州省的面板数据来研究农信社改革的绩效。三是计量分析与DEA的结合，如王俊芹、宗义湘和赵邦宏（2010）运用数据包络分析（DEA）方法和Probit模型，以河北省为例，对农村信用社改革的绩效进行评价与影响因素分析。四是对调查数据进行描述性统计分析,如谢平、徐忠和沈明高(2006)通过对比改革前后农信社各个评价指标的变化来分析其改革绩效。此外,学者们还采取一些其他方法,如运用"结构—行为—绩效"即 SCP 分析范式来研究农信社改革的绩效(杨菁,2004)。

总之,关于绩效评价方法,在数据搜集方面,学者们要么对数据进行全面搜集,要么仅就某一省市的数据进行搜集。而在数据处理方面,学者们要么使用 DEA 对数据进行处理,要么使用计量模型对数据进行分析,抑或是 DEA 和计量分析的结合。

本书所使用的绩效评价方法,不仅采用计量分析方法,还采用案例分析法、实地调研法。

关于调研的对象与范围,本课题组分别赴四川、重庆、贵州、陕西、温州等地方调研农村金融改革的情况,调研对象既包括金融机构,也包括农户和农村企业等,并设置了调研问卷,根据调研问卷进行了深入的分析,在对各地方农村金融改革进行初步评价的基础上,综合宏观金融数据,对农村金融改革的整体绩效进行了评价。在详细调研的基础上,我们还走访了北京、广西、上海、广州等地的农村金融机构,就农村金融改革的绩效和相关人士进行了深入的交谈,获得了对农村金融改革的感性认识。同时本课题还对样本地区的农村金融需求情况进行了调研,进而从需求角度对农村金融改革的绩效进行了评价。

本书分别从供给和需求两个维度来评价农村金融改革的绩效。供给角度主要是分别评价各农村金融机构:包括农村信用社、村镇银行、农村资金互助社、小额贷款公司、大型商业银行和非正规金融等。目前农村金融支农的主力军还是农村信用社和新型农村金融机构,因此本书重点对它们的绩效进行了评价。此外,大型商业银行也是支农的组成部分,但目前只是辅助,因此,本书对大型商业银行的绩效评价仅作简要介绍。

第二章 大型商业银行支农绩效评价

在当下的我国农村,发挥支农主力军的作用主要是农村信用社、新型农村金融机构等机构,但大型商业银行又不愿意完全放弃农村,也进行了一系列改革来支持"三农"。这其中固然有国家政策的推动,当然更有利益的考量。

第一节 中国农业银行"三农事业部"

一、"三农事业部"概况

2007年的中央经济工作会议对农行股改提出了"面向三农、整体改制、商业运作、择机上市"的十六字方针,并把"面向三农"作为农行股改的首要原则,要求农行坚持为农服务的方向。为了实现上述为农服务的方向,农行在股份制改革实施方案中,指出在县域分行设立三农事业部,要求县域内银行业金融机构新吸收的存款,主要用于当地发放贷款。同时银监会还对三农事业部从业务发展、经营绩效和审慎经营等方面进行监测考核,并出台了一系列的激励办法。

从2008年3月开始,农业银行在山东等7家省(区、市)分行开展三农金融事业部制改革试点。按照规划,农行将用10年时间,将三农业务发展成全行的支柱业务,在农村金融市场稳居领先地位,能够为三农客户提供全方位的优质金融服务。2009年,农业银行在全行范围内推开面向三农金融服务工作,着力加大信贷投放力度、努力创新金融产品,县域金融服务覆盖面不断扩大,服务水平不断提高。

农业银行在董事会设立三农金融发展委员会,主要负责推动全行三农金融业务发展,审议三农金融业务的战略规划、政策和基本管理制度。农业银行在高级管理层设立三农金融部管理委员会,主要负责落实董事会有关三农金融业务的战略规划、决策及具体计划,履行绩效考评等管理职能,协调解决本行三农金融业务发展中的重大问题等。

农业银行成立三农金融部,对三农金融业务实施专业化经营和管理。三农金融部实行总裁负责制,由行长担任三农金融部总裁和管理委员会主任。三农金融部下辖三农政策与规划部、农村产业金融部、农户金融部、三农信贷部等专业部门,负责全行三农金融业务的政策研究、制度制定、产品研发、客户营销、信贷管理等职责。同时,在总行中后台部门设立三农核算与考评中心、三农风险管理中心、三农产品研发中心和三农人力资源管理中心等,为三农金融部提供支持和服务。

同时农业银行在一、二级分行分别设立三农金融分部,作为三农金融业务基本经营单元的管理机构。位于县域地区的2 048个县级支行和22个二级分行营业部,作为三农金融部的基本经营单元,负责具体开展各项三农金融业务。三农金融部在执行全行统一的管理政策制度的基础上,在信贷管理、资源配置、绩效考核、风险管理等方面实施差异化的管理体制。

农业银行"三农"县域事业部的改革方案力图将一级法人的统一管理、集约化支持和事业部自主经营、专业管理两个优势结合起来，构建专业化服务"三农"的体制机制。

未来，农行将围绕股东价值最大化的目标，巩固县域"三农"业务差异化发展的优势，增强农行的支柱业务。

二、"三农事业部"支农服务

截至2012年底，942家县事业部贷款余额为8 440亿元，余额增幅分别高于试点分行和全行贷款整体增幅5.5个和2.3个百分点，全年增量贷存比达到53.85%；实现拨备后、分摊后净利润185.1亿元；贷款不良率由年初的2.34%下降至1.93%，拨备覆盖率达到322.1%。以上从总体上评价了三农事业部支农的绩效。下面，作者根据调研数据来具体分析三农事业部的支农情况。

数据范围为某四省300多个县市三农事业部改革的基础数据。截至2012年9月末，A、B、C、D四省农行三农事业部存款占其存款总额的比重分别为58.4%、48.8%、54.0%、54.5%，平均占比达到53.5%，超过了市域存款。在工农中建四大行同业比较中，四省农行县域存款市场份额也稳居首位。这种竞争优势的取得与农行县域网点相对较多，特别是与农行借助三农事业部改革东风，大力争取新农保、新农合等代理业务，依托惠农卡、惠农通等开展自助式助农取款服务密切相关。

如下，我们通过两组数据对比来具体分析三农事业部支农的情况：一是与农信社的对比；二是与没有进行三农事业部试点的省份进行对比。

通过与农信社比较发现，农信社县联社金融服务广度、深度明显优于同县的三农事业部，农信社县联社网点平均人员总体少于三农事业部，而客户经理人均管户数总体多于三农事业部，这表明农信社网点员工队伍更精干。同时，农信社县联社网点点均利润虽总体不如三农事业部，但也实现了盈利（见表2－1）。这些指标从一个侧面说明，面对同样的县域经济环境，农行"面向三农"的管理架构和经营机制还有较大的改进余地。

表2－1　　　　"三农事业部"与农信社的比较

地区	金融服务广度				金融服务深度				经营绩效			
	乡镇网点数（个）		乡镇网点覆盖率（%）		县域贷存比（%）		网点平均人员数（人/个）		客户经理人均管户数（户/人）		网点点均盈利（万元）	
	事业部	农信社	事业部	农信社	事业部	农信社	事业部	农信社	事业部	农信社	事业部	农信社
A省1县	3	11	25	100	113	72	10	8	—	160	137.31	294.20
2县	13	38	54	100	58	67	12	7	393	519	32.24	2.03
3县	6	19	47	100	40	63	11	10	180	273	36.00	113.19
B省1县	4	68	20	100	31	65	11	5	108	568	544.54	60.05
2县	8	58	30	100	39	71	11	6	25	961	47.77	1.54
C省1县	3	16	24	100	11	74	8	9	70	324	8.00	5.18
2县	4	17	18	100	46	90	12	9	50	63	71.12	96.96
3县	3	28	21	100	44	80	10	5	214	298	203.86	—
D省1县	10	16	88	100	30	49	14	10	245	164	375.78	—
2县	12	33	71	100	21	50	12	14	388	36	25.42	152.05
3县	0	12	0	39	28	66	16	16	61	323	167.20	281.01

与具有一定可比性的相邻非试点地区对比分析，我们发现试点地区三农事业部并未充分显示其先行先试的改革优势。表现在如下几个方面：一是贷存比（增量），A1省、B2省、C3省、D4省四个非试点省份总体高于同一地区试点省份（A省、B省、C省、D省）；二是贷存比（存量）C3省高于C省、B2省高于B省；三是不良贷款率，除D省外，试点省份总体高于对应的非试点省份；四是资产回报率，除A省外，试点省份总体低于对应的非试点省份；五是成本收入比，试点省份总体高于对应非试点省份（见表2－2）。

表2-2　　　　　试点和非试点省份农行三农事业部比较　　　　　单位：%

年份 项目	一、业务发展				二、资产质量				三、盈利情况			
	贷存比（增量）		贷存比（存量）		不良贷款率		拨备覆盖率		资产回报率		成本收入比	
	A省	A1省	A省	A1省	A省	A1省	A省	A1省	A省	A1省	A省	A1省
2009	105.78	79.69	62.75	69.59	2.99	1.44	122.24	86.14	0.93	1.70	32.16	25.58
2010	79.32	65.49	65.48	68.79	2.09	0.92	219.45	154.58	1.93	1.91	27.38	23.09
2011	42.25	80.66	70.15	70.00	1.71	0.90	252.43	162.33	1.95	2.31	11.65	21.74
2012-06	73.80	86.67	70.45	68.13	1.26	1.16	349.99	139.52	2.52	1.93	24.75	22.57
	B省	B2省	B省	B2省	B省	B2省	B省	B2省	B省	B2省	B省	B2省
2009	47.76	71.46	33.97	58.30	11.00	8.49	62.48	51.89	0.77	2.26	52.81	40.90
2010	48.61	36.23	36.28	53.79	7.32	6.26	99.19	62.36	0.54	1.88	44.61	38.52
2011	44.56	37.01	37.01	53.70	6.08	4.26	181.70	102.42	-0.12	2.19	44.87	36.89
2012-06	58.62	66.01	38.38	53.59	5.03	3.17	178.46	92.15	0.97	1.36	39.91	32.82
	C省	C3省	C省	C3省	C省	C3省	C省	C3省	C省	C3省	C省	C3省
2009	42.53	111.08	29.72	51.92	6.45	1.07	90.70	122.31	—	1.06	—	51.93
2010	48.81	62.28	33.01	55.28	3.28	0.64	167.62	190.49	0.46	1.58	58.68	39.73
2011	30.52	73.77	32.62	59.32	1.86	0.27	254.07	376.07	1.07	2.07	53.69	34.05
2012-06	30.59	99.60	32.39	62.32	1.75	0.30	382.78	296.34	-0.05	2.57	49.09	27.39
	D省	D4省	D省	D4省	D省	D4省	D省	D4省	D省	D4省	D省	D4省
2009	23.50	61.59	56.71	20.97	2.85	4.55	—	101.00	—	1.38	—	39.98
2010	29.20	47.16	62.95	24.73	1.21	3.19	75.94	102.00	—	1.39	—	38.93
2011	28.78	41.82	26.07	27.06	1.12	2.56	559.56	103.19	0.55	1.40	52.65	32.88
2012-06	29.30	30.25	32.61	27.43	0.81	2.10	212.19	119.74	1.68	1.45	27.01	30.88

资料来源：各样本县（市）农行报送的数据。

在农行的改革过程中，改革方案在一定程度上把政府的目标跟政府目标实现的手段混为一谈。如果农行支持三农不能解决道德风险与信息不对称，将很难达到改革的目标，在农行的改革方案中，两者没有区分。如果政府要求农村金融机构支持三农，就会产生道德风险，因为机构可以将亏损归咎为支持三农，从而要求政府支持。

第二节　中国农业发展银行扩大业务范围

一、农发行改革的背景

为什么需要对政策性银行进行改革，原因如下：一是我国财政支出对 GDP 的占比，已从 1994 年的 12.4% 上升到 2004 年的 20.8%。在政府角色转换的大背景下，今后一段时期大幅度扩展财政规模的余地不大，特别是财政对产业经济发展的直接投入，会受到相当大的限制。在国家财政逐步退出的情况下，政策性银行必须跟进。二是截至 2004 年末，我国 M_2 与 GDP 之比已达 185.3%，远高于世界主要经济体的同期水平。市场本身有能力提供充分的流动性，成为政策性银行开展开发性金融服务的长期和稳定的资金来源。政策性银行市场化经营的条件正日益成熟。不仅如此，政策性银行的转型，有助于我国金融结构的改善，包括解决我国金融市场长期信用机构缺位等问题。三是产业结构方面的变化，也是促使政策性银行选择走向转型的一个重要因素。因为过去需要政策性金融大力支持的产业现在已成为成熟的商业竞争性行业，政策性金融的作用已经大为减弱。

根据国务院要求，政策性银行要加快业务转型，而且随着业务结构多元化趋势的加强，农发行的改革思路日渐明晰。2004 年以来，农发行在大力支持粮棉油收储的基础上，拓宽业务范围，强化政策性职能定位，由原来的粮棉油扩大到农、林、牧、副、渔整个农业领域，并经国务院同意开办农业科技贷款业务。具体如下：一是陆续开办一些新的涉农贷款业务，形成了多方位、宽领域的支农格局。2011年制定了"两轮驱动"业务发展战略，着力发展以粮棉油收储、加工、流通为重点的全产业链信贷业务，着力发展以支持新农村建设和水利建设为重点的农业农村基础设施建设中长期信贷业务，支农力度逐年加大。二是开辟市场化筹资渠道，2012年在香港成功发行离岸人民币债券，形成了以人民银行再贷款为依托，市场化发债为主体、组织存款为补充的多元化资金筹措机制。

二、农发行支农服务

通过发行金融债券，筹集和引导社会资金回流农业农村。截至2012年底，全行付息负债总额超过2.2万亿元，其中政策性金融债券余额近1.5万亿元，占比为68%，已成为全国银行间债券市场的第三大发债主体。

但是，农发行的改革仍未到位。农发行改革仍然没有解决公司治理等问题，政策性和商业性业务混合，管理部门为了农发行机构和人员而扩大其业务范围。截至2012年底，农发行全行共有各类机构2 182个，其中，地（市）级333个、县级1 816个。但其大量机构是在发达地区，相对而言在500多个贫困县却没有机构。近年来，允许农发行拓宽业务范围，开展一些商业业务，是基于其在发达地区存在网点但无足够业务的现实情况。显然，这种围绕机构和人员进行的改革在没有建立良好治理结构的前提下是不可能取得成功的。

第三节　邮政储蓄改革及其小额信贷试点[①]

2003年，国家发展和改革委员会牵头制定并上报国务院的《邮

---

① 谢平、徐忠：《新世纪以来农村金融改革研究》，北京，中国金融出版社，2013。

政体制改革方案》，对邮政储蓄的改革方向作出了规划："逐步实现邮政储蓄资金自主运用，推动邮政储蓄向商业化方向发展"。自2003年8月1日起，人民银行改革邮政储蓄转存款利率计息办法，邮政储蓄新增存款转存人民银行的部分，按照金融机构准备金存款利率（年利率为1.89%）计息；此前的邮政储蓄老转存款暂按原转存款利率计息（年利率为4.131%）。同时，允许邮政储蓄新增存款由邮政储蓄机构在规定的范围内自主运用。在这种情况下，邮政储蓄存款继续保持了高速增长的势头。截至2004年10月末，邮政储蓄存款余额已达10 348亿元，比上年同期增长18.6%，比同期金融机构储蓄存款增幅高4.2个百分点。2004年前10个月，邮政储蓄存款增加1 356亿元，其中县及县以下邮储机构吸收储蓄存款增加862亿元，占全部邮政储蓄存款增加额的64%。在邮政储蓄机构自主运用的1 830亿元资金中，通过与农信社办理协议存款返还农村的资金共计28.2亿元，仅占其自主运用资金的1.5%，其余资金全部为与其他金融机构办理协议存款和债券投资。

2005年8月，政府启动了邮政体制改革，包括实现邮政金融业务规范化经营。邮政储蓄改革稳步推进：一是改变邮政储蓄资金全额转存中央银行模式。在中国人民银行和银监会的监管下，逐步推动邮储资金自主运用，实现平稳过渡。以2003年8月1日为界，邮政储蓄在中央银行的原有转存款在2005年8月1日前维持现行政策不变，同时邮政储蓄新增存款由邮政储蓄机构自主运用。自2005年8月1日起，邮政储蓄机构在中央银行的原有转存款分5年逐步转出。截至2006年3月21日，邮政储蓄机构老转存款已转出三次，累计转出金额近622亿元，转出过程平稳有序，没有对邮政储蓄机构的经营产生大的影响。

二是逐步扩大邮政储蓄资金的自主运用范围。随着老转存款的逐步转出，邮政储蓄机构的资金自主运用能力不断提高。邮政储蓄机构结合农村金融改革，探索开展小额质押贷款，加大为"三农"服务的力度。2005年12月，银监会批准邮政储蓄在陕西、福建、湖北三省开办主要面向农村农户资金需求的定期存单小额质押贷款的试点。至2006年8月，邮储的自主资金运用余额超过8 000亿元，但大部分资金仍用于投资债券和银行存款。2006年6月，邮储已与国开行签订了《全面合作协议》，由其帮助转贷。根据该协议，国开行将利用现有的系统帮助邮政储蓄银行放贷；双方在资产管理、资金运用、咨询服务以及劳务、结算等多方面进行合作。

2006年12月31日，中国邮政储蓄银行开业，成为我国第五大商业银行。中国邮政储蓄银行积极探索按照商业化原则服务农村的有效形式，通过农村金融机构的资金运用渠道间接实现资金返还农村，截至2012年底，邮储银行与农村金融机构开展的支农同业存款余额为174.80亿元，认购的农业发展银行债券余额为661.95亿元。自成立以后，邮政储蓄银行致力于微小企业贷款业务。据统计，截至2010年5月，累计发放微型和小型企业贷款1 700多亿元，累计客户数量近300万人。

通过一系列改革，邮政储蓄农村资金抽水机的扭曲机制得到一定程度纠正，但发展仍面临较大的约束。一是与其他大型商业银行类似，虽然经过股份制改革已初步建立公司治理框架，但治理结构仍不完善，股份制企业所应具有的激励约束机制尚未建成，公司内部控制比较薄弱。二是与其他大型商业银行不同，邮储银行从邮政储蓄变身而来，内部人员素质与现代商业银行业务要求不符，银行各业务条线的人才储备严重不足，因此其业务发展受到很大约束。虽然改革以来邮储银行贷款业务发展迅速，但贷存比仍然很低，发展空间仍然巨大。

第四节　其他大型商业银行支农服务

　　以上几家大型商业银行目前与农村联系最为紧密，像建设银行、工商银行、中国银行、国家开发银行等银行目前涉农业务较少，这些银行主要存在于经济发达的富裕农村，而在偏僻贫穷的农村网点较少。值得一提的是在股份制银行中，像民生银行这样专注于小微企业的银行开始关注农村。截至2012年11月30日，中国民生银行小微贷款余额突破3 000亿元，较年初新增690亿元。目前，民生银行小微贷款累计投放总量超过8 000亿元，小微客户群体突破90万户，通过推进小微金融惠及就业岗位接近300万个。

　　2013年，民生银行提出"合作社2.0升级版"概念，通过成立小微企业乡镇（街道）合作社路径，对小微金融服务再次纵向升级，将批量化开发模式的触角延伸至乡镇、街道。具体来说，合作社五大核心产品，将会成为民生银行拓展乡镇（街道）市场、全面服务乡镇小微企业的新抓手。其中，"乡镇联盟"互助基金是民生银行为帮助乡镇小微企业解决融资困难的好帮手；存贷合一卡是在民商卡基础上增加了透支功能的综合银行卡，可满足小微企业日常经营周转或消费需求；小微手机银行可以方便小微客户进行账户管理，提高经营效率，降低经营成本；小微跨行通可以满足客户他行资金管理的需求，省去奔波银行之苦；小微村镇通则是向合作社特定会员发放的信用贷款，以满足会员经营周转或消费需求。

　　民生银行通过合作社，向其成员提供"一揽子"金融服务，找到了一条连接生人社会与熟人社会的桥梁，不仅可以解决农村金融服务空白的问题，也可以增加银行的利润，成为银行新的利润增长点，从而达到多赢。但民生银行这种模式有其存在的土壤，需要有一定的经济基础与之对应，同样也只适合于具有一定产业基础的现代农村，而贫穷落后的农村山区需要借助现代信息通信技术来提供金融服务，当然政策性金融也应该跟进。

第三章　农信社股份制改革绩效评价：农商行案例研究

第一节　我国农信社的发展历程

改革开放以来，我国农村金融改革经历了多个阶段。农村信用社改革紧跟农村金融改革步伐，自改革开放以来，我国农村信用社改革主要经历了如下三个阶段：

（一）恢复调整阶段（1979—1996 年）

1979 年国务院在《关于恢复中国农业银行的通知》中明确指出，农村信用合作社既是集体所有制的合作金融组织，又是农业银行的基层机构，从而使农村信用合作社具有国家银行和合作金融的双重属性。1979 年 10 月，农业银行总行行长会议对信用合作社"官办"体制的弊端作出了认真剖析。1982 年底，有关高层会议和中央文件否定了信用合作社"既是集体金融组织，又是国家银行基层机构"的组织管理体制，重申了信用合作社应坚持合作金融组织的性质。1983 年至 1986 年中共中央连续四个 1 号文件重申农村信用社合作金融性质。1984 年 8 月，《国务院批转中国农业银行关于改革信用合作社管理体制的报告》（国发〔1984〕105 号）提出，要通过改革"恢复和加强信用合作社组织上的群众性、管理上的民主性、经营上的灵活性,把农村信用社办成群众性的合作金融组织"。1989年,我国国民经济中出现了较严重的经济过热和通货膨胀,国家审时度势,决定实行紧缩财政和紧缩信贷的"双紧"方针。受此影响,信用社进入了治理整顿阶段,主要开展了强化内部管理、整顿金融秩序等活动,并重点加强了信贷资金管理、稽核和监察工作。

这一阶段,农信社改革主要取得了如下成绩:其一,初步改变了信用社"既是集体金融组织,又是国家银行基层机构"的组织管理体制。通过清股、扩股,落实股权(见表3-1),密切了信用社与社员的经济联系;加强了民主管理,强化了理事会、监事会和社员代表大会的作用。其二,经营管理体制有了明显改善,内部经营机制逐步向自主经营、自负盈亏的方向转变。劳动、资金、财务管理等各项制度逐步建立健全。其三,初步理顺了农业银行与农村信用合作社之间的关系。农业银行对信用社按照政策上领导、业务上指导、具体工作上放权的原则,改变了传统行政命令式的方法,转而实行依法管理和主要应用经济手段进行管理,并通过县联社实施间接管理。

表3-1　　1980—1996年中国农村信用合作社的股本金情况　　单位:万元

年份	股本金总额	社均股本金
1980	48 356	0.87
1981	48 968	0.89
1982	49 007	0.89
1983	54 485	0.97
1984	73 811	1.27
1985	116 288	1.98
1986	166 202	2.81
1987	234 857	3.84
1988	367 037	6.03
1989	625 507	10.61
1990	793 768	13.64

第三章　农信社股份制改革绩效评价：农商行案例研究

续表

年份	股本金总额	社均股本金
1991	910 201	15.72
1992	1 288 397	24.42
1993	2 659 182	52.29
1994	2 571 952	50.68
1995	2 887 789	57.28
1996	2 721 334	54.94

注：根据历年《中国农村金融统计年鉴》、《中国金融年鉴》整理。

（二）独立发展阶段（1996—2003年）

1996年8月根据《国务院关于农村金融体制改革的决定》，农村信用社与中国农业银行脱离行政隶属关系，开始按照把"农村信用社办成由农民自愿入股、社员民主管理、主要为入股社员服务的合作金融组织的要求"进行改革，其业务管理和金融监管分别由信用社县联社和人民银行承担。这标志着我国的农村信用社走上了自身独立发展的道路。1997年6月，按照国务院要求，在中国人民银行内部增设农村合作金融机构监管司，专门承担对农村信用社的监管工作。1998年11月，根据全国金融工作会议部署，国务院成立了整顿农村信用社工作领导小组，对农村信用社按合作制进行规范改造。1999年4月，中国人民银行召开全国农村信用社工作会议；此后在农村经济发达、县（市、区）联社较多并完成规范工作任务的地方逐步组建了农村信用社行业自律组织、地（市）联社或者省级联社。同年，国家全面清理了农村合作基金会，以整顿农村金融秩序；同时，人民银行利用再贷款大力推进农村信用社发放农户小额信用贷款和农户联保贷款。

这一阶段的改革对农村信用社的发展产生了重要影响：一是启动了以产权明晰为主旨的产权制度改革；二是初步形成了农村信用

社自我发展、自我约束、自主决策的经营机制；三是农村信用社管理体制框架初现雏形，从而为下一阶段的深化改革奠定了基础。

2000年4月，朱镕基总理在江苏淮安召开农村金融座谈会，在听取江苏省11个县（市）农村信用社统一法人试点情况汇报后，决定在江苏进行农村信用社改革试点。2000年7月，国务院批准了中国人民银行、江苏省政府在江苏进行农村信用社改革试点方案，江苏将全省1 658个农村信用社和82个县（市）联社以县（市）为单位合并为82个法人；组建了江苏省农村信用合作社联合社；对张家港、江阴、常熟三家农村信用社进行了股份制改革，试点成立了农村商业银行。

（三）深化改革阶段（2003年至今）

2003年6月，在江苏改革试点的基础上，国务院下发《深化农村信用社改革试点实施方案》（国发〔2003〕15号），确立了农村信用社新的改革方向：农村信用社定位为为农民、农业和农村经济发展服务的社区性地方金融机构；积极探索和分类实施股份制、股份合作制、合作制等各种产权制度，让信用社真正成为"自主经营、自我约束、自我发展、自担风险"的市场主体；把信用社的管理交给省政府负责，通过省级联社对信用社实施管理、指导、协调和服务；同时将试点扩大至吉林、山东、江西、浙江、陕西、贵州、重庆、江苏等8省市。这标志着农村信用社新一轮改革正式开始。同年，中国银行业监督管理委员会成立，对农村信用社的监管职能由中国人民银行转入银行业监督管理委员会。

按照《试点方案》的要求，此轮改革工作的重点：一是以法人为单位，改革农信社产权制度，明晰产权关系，完善法人治理结构，区别各类情况，确定不同的产权形式。在制度选择上，可以实行股份制、股份合作制，也可以继续完善合作制；在组织形式上，有条件地区的农信社可以改制组建农村商业银行、农村合作银行等银行类金融机构或实行以县（市）为单位统一法人，其他地区也可以继续实行乡镇信用社、县（市）联社各为法人的体制。对少数严重资不抵债、机构设置在城区或城郊、支农服务需求较少的信用社，可以考虑按《金融机构撤销条例》予以撤销。二是改革信用社管理体制，将信用社的管理交由地方政府负责，成立农村信用社省（市）级联社。2003年4月，中国银行业监督管理委员会成立，对农村信用社的监管职能由中国人民银行转入银行业监督管理委员会，实现了对农村信用社主要监管职能的转移。三是转换农信社的经营机制，改善支农服务。国家对扩大试点范围地区的农村信用社给予的扶持政策总体上仍按《试点方案》的规定执行，仅对个别政策进行微调。对1994—1997年亏损农村信用社支付的保值贴补息给予补贴。从2004年1月1日起至2006年底，对参与试点的中西部地区的信用社一律暂免征收企业所得税；其他试点地区的信用社，一律按其应缴税额减半征收所得税。从2004年1月1日起，对试点地区信用社的营业税按3%税率征收。对试点地区农村信用社，继续按照2002年底实际资不抵债数额的50%，由人民银行发行专项中央银行票据或安排中央银行专项借款，其中专项中央银行票据用于置换农村信用社不良资产和历年挂账亏损。

2004年4月，中国银行业监督管理委员会颁布实施的《关于规范向农村信用社机构入股的若干意见》对农村信用社（主要指县一级法人体制的农村信用社）、农村合作银行、农村商业银行的入股标准、股权设置、法人治理等方面作出了较为明确的划分和规定。2004年8月，国务院下发了《关于进一步深化农村信用社改革试点的意见》（国发〔2004〕66号），在认真总结8省（市）改革试点经验的基础上，将改革试点扩大到在除海南、西藏以外的29个省（区、市）。其强调重点要突出产权制度改革、机制转换、法人治理完善、提高支农服务水平及风险的监管与防范处置工作，确保改革的平稳进行。为了有效防范风险，银监会要求信用社的入股必须是货币资金，不得以实物资产、债权、有价证券等形式入股；信用社不得接受政府机关和财政性资金直接入股、以贷入股及以换股形式入股。信用社改革重点逐步转移到经营机制转换和建立良好的法人治理结构方面，重视股权结构设置、法人治理结构完善、内部控制制度严格、激励和约束机制有效等问题，并以此促进农信社经营机制的真正转换。结合管理体制改革的进行，信用社自身经营机制转换和法人治理结构的改革已随之启动。

为推动新一轮农信社产权制度改革，国家通过财政资金、税收优惠、保值贴补息、央行票据置换等诸多渠道给予了农信社大量政策扶持。具体包括：一是对亏损农信社因执行国家宏观政策开办保值储蓄而多支付的保值贴补利息给予补贴。具体由财政部核定1994—1997年农信社实付保值贴补利息数额，由国家财政分期予以拨补。二是从2003年1月1日起至2005年底，对西部地区试点的农信社一律暂免征收企业所得税（对第二批试点地区从2004年1月1日起至2006年底）。三是允许试点地区的农信社贷款利率灵活浮动。贷款利率可在基准贷款利率的1.0至2.0倍范围内浮动（对农户小额信用贷款利率不上浮，个别风险较大的上浮幅度不超过1.2倍），对受灾地区的农户贷款，利率可适当下浮。四是对试点地区的农信社，可采取两种方式给予适当的资金支持：（1）由人民银行安排一部分专项再贷款。专项再贷款利率按金融机构准备金存款利率减半确定，期限根据试点地区的情况，可分为3年、5年和8年。专项再贷款由省级政府统借统还。（2）由人民银行发行专项中央银行票据，用于置换农村信用社的不良贷款，票据期限两年，按适当利率分年付息。该票据不能流通、转让和抵押，可有条件地提前兑付。上述两种方式由试点地区和农信社自主选择。

2007年8月10日海南省联社揭牌仪式启动，正式宣告建立省级联社的任务全部完成。截至当前，我国的农村信用事业已经呈现出"农村信用社、农村合作银行和农村商业银行并存"的局面。该时期改革的重点主要集中在困扰农村信用社发展的两个深层次问题，即管理体制和产权制度。在管理体制上，将农村信用社的管理交由地方政府负责，成立省（市）级联社；在产权制度上，明晰产权关系，推进以县级为单位的统一法人改革，因地制宜地选择适合各地实际的产权组织形式。

第二节　农信社股份制改革：理论与实践评述

2003年，国务院印发了《深化农村信用社改革试点方案的通知》（国发〔2003〕15号），指出要积极探索和分类实施股份制、股份合作制和合作制等各种产权制度，建立与各地经济发展、管理水平相适应的组织形式和运行机制。归纳起来，试点方案想要达到的目标有四方面：一是完善股权结构、健全治理结构，即多样化的股权结构，决策、执行、监督相制衡的治理结构。二是激励和约束相结合的经营机制，从而实现自身的商业可持续性。三是坚持服务"三农"的经营方向，即使是股份制改革，涉农资金也必须达到一定的比例。四是强化地方政府对农信社的管理责任。虽然试点通知指出要建立与经济发展水平相适应的股份制、股份合作制以及合作制等多种产权模式，但在实际改革过程中，大多数地方对农信社进行了股份制改革，深化农村信用社改革试点以来，截至2012年6月，全国已有65家农村商业银行[1]。虽然股份制改革可以迅速改善公司

---

[1] 资料来源：中国银监会网站。

治理结构，达到自身的商业可持续性，但这与当前我国农村的小农经济特征不相符合，对农信社进行股份制改革是否能够实现支农的目标？如果农商行不能发挥支农的作用，我国农村又需要什么样的金融机构？农信社未来的改革方向又在哪里？

关于农信社改革绩效问题，理论界对其进行了较为深入的研究。在股权结构与法人治理方面，宋磊、王家传（2007）认为改革后农信社股权结构更加优化，内部治理也发生了变化。徐诺金（2007）也强调在政策推动下的农信社改革保持了股权结构的稳定，增强了资本实力，基本建立了法人治理结构。而谢平、徐忠和沈明高（2006）则认为改革后农信社股权结构仍然很分散，导致监督成本过高，缺乏监督农信社的激励。杨子强（2005）也认为改革后的农信社未能建立起社员代表大会、理事会、监事会三位一体的制衡机制，完善的治理结构都只浮于表面。同时，由于定价不合理，没有能找到真正的股东。西南财经大学中国金融研究中心调研组（2006）认为农信社改革未能使股权结构得以优化，法人股比重仍然较低，股权分散，法人治理结构难以有效改善。在支农方面，周立（2007）指出近年来的农信社改革，政策意图使其成为"支农"的主力军，但由于农信社的官办化和商业性，加之垄断性和规模经营等问题的存在，难以在整体上成为服务"三农"的金融机构。杨羽飞、梁山（2005）也指出农信社支农服务功能的增强遇到不少困难和阻力。在盈利方面，谢平、徐忠和沈明高（2006）研究认为改革后虽然信用社的盈利水平不断增长，但信用社的盈利主要是来自各项优惠政策。李莹星、汪三贵（2005）根据对部分欠发达地区农村信用社经营管理现状的调查，认为转贷行为是农村信用社产生盈利的主要原因，这种盈利对农村信用社而言，是一种虚假盈利。

综上所述，有关农信社改革的绩效，虽然理论界对农信社改革绩效褒奖不一，但在某些方面已达成了部分共识，如大多数学者都认为农信社改革后治理水平相对改革前有所改善，虽然与现代企业制度还有一定距离，同时农信社改革后盈利水平得以提高，不管是否是虚假盈利，盈利水平比改革前得以提高这一事实不能否认。然而多数学者认为农信社改革后支农服务不但没有明显改善，反而还表现出严重的脱农化。此外，已有文献没有分别来研究农信社股份制改革、股份合作制改革以及合作制改革的绩效，只是笼统地阐述试点以来农信社改革的绩效，关于农信社股份制改革的绩效研究者甚少。因此，对农信社股份制改革绩效进行评价，将有利于我们进一步推进农信社改革，进而为农村金融体系构建提供思路。

第三节　案例的基本情况

为了数据保密的需要和分析的方便，文中的两家农商行分别用A农商行和B农商行来表示，数据来源于作者实地调研和各农商行提供的财务报表，如无特殊说明，本文的数据跨度均为农信社改革前后两年的数据，虽然改革的成果需要一段时间才能显现出来，但我们仍然可以通过一些指标来对农信社股份制改革的绩效作出某种初步判断。

A农商行位于西部省会城市，目前拥有44家营业网点，于2005年下半年通过认购中央银行专项票据的方式进行了统一法人改革，即我们常说的"花钱买机制"。关于"花钱买机制"，学界有不同看法，如徐滇庆（2004）认为农信社最后有可能赖在政府身上，所以"花钱买机制"只不过是良好的愿望，覃道爱、李兴发（2009）则认为"花钱买机制"成绩明显，大部分农村信用社资本实力大幅增强，不良贷款大幅下降，盈利能力普遍提高。谢平、徐忠和沈明高（2006）认为"花钱买机制"忽略了地区的差异性，改革的结果对一些地区有利,而对另外一些地区则不利。虽然学界有不同意见,但现实中的A农商行通过改革,法人治理结构逐步完善,"三会"运作逐步规范,监督制约机制基本形成,绩效评价体系初步建立,盈利水平得到提高,不良贷款率得以下降。A农商行目前已经改制为股份制商业银行,上述指标得到进一步完善和提升。

B农商行位于西部欠发达省份的省会城市。由于该市的信用联社较为分散,机构规模小,在支持地方经济发展,特别是支持中小微企业发展方面收效甚微。为了解决其发展相对滞后的问题,该市将4个城区的信用联社(合作银行)组建为农村商业银行,力图通过整合,增强中小银行的资本实力、内控水平、盈利能力和竞争力。目前,B农商行共有78家营业网点,1 000余名员工。原有的各信用联社(合作银行)变为该行的一级支行,采取总行→营业部→一级支行→二级支行的经营模式,定位于服务地方经济、服务"三农和小微企业"。改革后,该行法人治理结构得到逐步完善,内部激励约束机制逐步建立,风险管控意识和水平得到提升,产品研发和创新能力不断提高,存款规模持续增长,存款结构不断优化,贷款投向分布逐步合理,不良贷款占比不断下降,资产质量不断提高。

总之,两家农信社通过股份制改革后,法人治理结构、风险控制水平和盈利能力都得以提高,而令人遗憾的是支农占比则有所下降(后面将具体分析),这是否意味着盈利能力等指标的改善是通过牺牲支农来实现的?上述问题的回答,需要我们对各个评价模块进行深入分析,并结合基本的经济学原理来探究。

第四节 股权结构与法人治理

完善的股权治理结构是现代企业的题中之义,不管是农村信用社还是改革后的农商行，首先作为一个企业，应该具有健全的治理结构，只有这样，才能提供有效的激励和约束机制。一般情况下，金融机构的激励和监督约束来自内部和外部两个渠道，内部约束包括出资人或股东，外部约束包括储户、金融监管部门和评级机构等其他中介机构。

改革前我国农信社的产权结构是按照合作制组建的，但这种合作制只是一种虚设，虽然在形式上农村信用社有理事会、监事会和会员大会代表出资人的利益，但这些机构不对信用社的管理层构成约束。此外，农村信用社会员的入股资金过于分散而且数量少，监督成本过高。在二级法人的体制下，对基层农村信用社主任的实际监督主要来自联社，但联社的监管目标与出资人不同，不可能也没有激励去代表出资人的利益，造成了事实上的出资人缺位（谢平、徐忠和沈明高，2006）。出资人的缺位使得农信社沦为地方政府的一个工具，地方政府的官员晋升主要看 GDP 的表现，地方政府通过控制农信社来完成其考核目标，如孙犇、宋艳伟（2012）研究认为地方政府利用金融体系控制干预信贷资源，助长了其非理性的投资，周黎安（2004）认为以经济增长为基础的晋升锦标赛，使得地方政府预算软约束，通过其控制的财政与金融来促进国有企业的扩展。为了改变这一现状，各地对农信社进行了股份制改革，下面我们通过对西部两家农信社股份制改革的绩效进行评价，以此来透视整个农信社股份制改革的成果。

A 农商行改革前股东总人数 13 147 人，改革后股东总人数降为 3 392 人，改革后的股东总人数仅为原来的 25.80%，股东人数大幅下降，股东分散情况有所改善。改革后每股分红比原来提高了 43.79%，股东应有的权利得到进一步的体现。2005 年的统一法人改革，实行了理事长和监事长分设，理事长为法定代表人，高级经营管理层在理事会授权下开展工作，并实行目标责任制管理。监事会向社员代表大会负责，独立行使监督职能。这样，基本确立了决策、执行、监督相制衡的法人治理结构。目前 A 农商行为股份制农村商业银行，股东结构得到进一步优化，治理结构得到进一步完善。

B 农商行改革后无资格股，股东均以投资股形式持股。改革后，该行股本金是改革前的 5.48 倍，其中，自然人股金占 35.56%，法人股金占 64.44%，平均持股金额分别较改革前增加 216.16% 和 1 923.03%，增幅显著。此外，改革后自然人股东数的比例为 99.33%、法人股东数的比例为 0.67%，分别减少了 4 034 个和 9 个。从以上数据我们可以发现，B 农商行改革后股东人数大幅下降，股东分散情况得到一定的改善。同时股权治理结构得到进一步优化，基本确立了决策、执行、监督相制衡的法人治理结构。总之，两家农商行通过改革，股权分散情况得到改善，治理结构有所完善，但这与现代企业的要求还是相差甚远，在治理结构不完善的情况下，过度的在职消费成为一种普遍现象，如 A 农商行改革后人均营业费用上升了 24.80%，B 农商行改革后人均营业费用上升了 27.63%，需要其进一步优化股东结构，提高治理水平。

第五节　风险管理水平

风险尤其是信用风险在农信社经营活动中无处不在，自农信社成立之日起，风险就与之相伴，风险管理也就成为农信社不同时期经营管理的重要组成部分。农信社风险防范事关自身生存和农村社会稳定，也事关"三农"大局。因此，增强风险意识，完善风险防范体系，确保农信社依法合规经营、稳定健康发展，是农信社进行股份制改革的一个很重要的目标。

A 农商行改革后不良贷款率逐年下降，从 2006 年的 29.14% 下

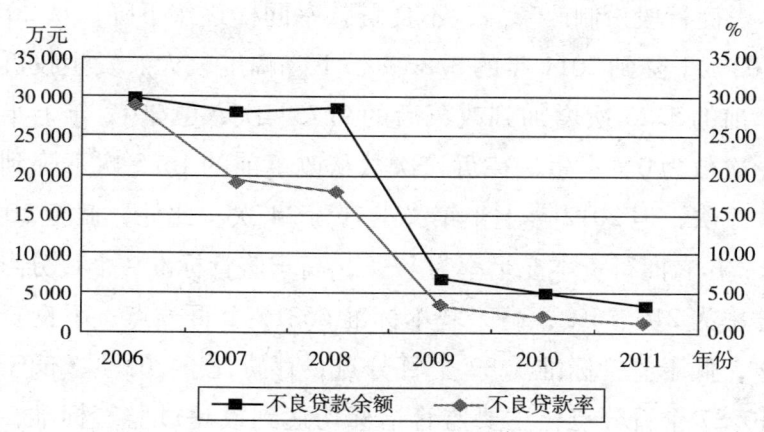

图 3-1　A 农商行不良贷款情况

降到 2011 年的 1.18%，同时不良贷款额也大幅下降（见图 3-1）。在不良贷款下降的同时，不良贷款结构也发生了变化，可疑和损失类贷款占比有所提高，2009 年末次级类贷款占不良贷款的比例为 97.72%、可疑类贷款占不良贷款的比例为 2.28%、损失类贷款占不良贷款的比例为 0%，2010 年末次级类贷款占不良贷款的比例为 92.92%、可疑类贷款占不良贷款的比例为 7.08%、损失类贷款占不良贷款的比例为 0%，2011 年末次级类贷款占不良贷款的比例为 29.83%、可疑类贷款占不良贷款的比例为 47.88%、损失类贷款占不良贷款的比例为 22.30%。此外，不良贷款清收率也逐年提高，从 2009 年的 10.86% 提高到 2011 年的 57.14%。由于 A 农商行未能提供其他方面的数据，只能从不良贷款这一指标来评价其风险管理水平，我们发现，改革后其风险控制水平得以提高。此外，风险防范的关键在人，改革后的 A 农商行本科及以上学历、大专学历、中专学历和高中及以下学历，分别占员工总数的 10%、56%、7%、27%，人员构成主要以大专为主，高中及以下学历占比也相当高，因此 A 农商行还需大力引进人才，加强人才队伍建设，提高人才素质，提升管理风险的水平。

B农商行股份制改革后,不良贷款率同样逐年下降,从2010年的11.03%下降到2011年的3.86%,下降幅度较大。发生投诉次数从改革前的5.25次增加到改革后的9.75[①]次,但2012年上半年发生投诉次数为0。发生法律诉讼次数从改革前的16.5次下降到改革后的5.5次,但2012年上半年又上升为24次。此外,截至2012年6月末,B农商行资本充足率为17%,高于监管标准9个百分点;拨备覆盖率为216.16%,高于基本标准66.16个百分点;不良贷款率3.18%,低于监管标准1.82个百分点;存贷比64.63%,低于监管标准10.37个百分点,主要监管指标均达到或超过监管标准,充分说明改革后的B农商行应对风险能力的增强。

总之,不管是A农商行还是B农商行,改革后不良贷款率均有所改善,但不良贷款率的提高有可能源于其治理水平的改善,也有可能是通过牺牲支农来实现的,当然支农不一定就意味着风险,关键是看制度如何设计。除不良贷款率外,其他一些监管指标也都有所改善。上述衡量风险管理水平指标的改善,说明股份制改革确实提高了农商行的风险控制水平,但这并不能说明,农商行的风险水平得到了绝对有效的控制,据我们对A农商行的实地调研和B农商行提供的财物报表,发现目前农商行的贷款主要用于地方政府融资平台,其蕴含的风险是显然的。

第六节 盈利能力评价

农村信用社改革的一个很重要的目标,就是实现自身的商业可持续性。但是农商行一旦肩负必须承担的政策性义务,又允许追求

[①] 由于改革前的农商行由多个农信社组成,发生投诉次数和发生法律诉讼的次数是原有的农信社取算术平均而来。

经济效益，其道德风险必定造成亏损并无止境地要求财政补贴。然而如果没有支农的政策性义务，追求利润冲动的农商行，必然会以牺牲支农来达到自身的盈利。我们反复强调的是支农并不一定代表亏损，农村同样具有广阔的发展前景，关键在于农商行要创新发展模式。虽然我们现在评价农信社改革的盈利能力还为时过早，但我们仍然可以从一些指标中看出些端倪。

改革后，两家农商行的盈利能力得到了大幅改善，A农商行净利润增长了171.43%，B农商行净利润增加了93.46%，2012年上半年，B农商行实现各项收入7.46亿元，同比增加1.61亿元，同比增幅27.52%。其中利息收入5.53亿元，金融机构往来收入1.31亿元。实现经营利润3.12亿元，较同期增加1.39亿元，同比增幅80.35%，净利润0.53亿元，较同期增加0.2亿元，同比增幅60.61%。可以发现，改革后B农商行收入大幅增加。总之，改革后，两家农商行的净利润都呈现出了爆发性地增长，当然这里面可能有政府幕后推动的政绩效果，如给予保值贴补息、减征营业税和免征所得税等优惠措施，不管怎么样，净利润大幅增加是一个客观结果，更多地是因为改革后治理结构得到完善，同时又可能是以牺牲支农为代价换来的。此外贷款利差的大小在一定程度上也反映了信用社的盈利能力，是信用社盈利增加的渠道之一，两家农商行的贷款利差（1年期）在5%左右。

反映盈利能力的指标还有资本利润率、资产利润率、人均利润等。A农商行资产利润率2006年为0.57%，2007年为1.13%，改革后的资产利润率是改革前的2倍还多，这从侧面说明了改革后的A农商行盈利能力得以提高。B农商行的资本利润率从改革前的14.87%提高到改革后的15.95%，资产利润率从改革前的0.63%提高到改革后的0.81%，人均利润从改革前的5.73万元增加到改革后的10.23万元（见表3-2），这些数据显示出，改革后的B农商行盈利能力得到了提高。

表 3-2　　　　　　B 农商行改革前后盈利能力对比

	资本利润率（%）	资产利润率（%）	人均净利润（万元）
改革前	14.87	0.63	5.73
改革后	15.95	0.81	10.23

第七节　支农服务评价

农信社改革一个很重要的目标是支农贷款必须占到一定比例，即使是股份制改革。如果农商行离开了广阔的农村，就不应该称其为农商行，根据作者的实地调研，现在的农商行基本上已经远离了三农，这与改革的目标相背离。究其原因，由于信息不对称以及交易成本等问题，正规金融机构往往不愿意向经营规模小、信息不透明、缺乏抵押品的农户提供信贷服务，垄断条件下的农商行拥有更强的市场势力，把资金配置到非农领域是其理性选择（黄惠春，2011），目前的存贷利差是3%，资金流向非农领域坐地就能赚钱。当然支农不一定就意味着亏损，有证据表明，农户贷款质量比乡镇企业贷款要好得多（谢平，2001），关键是要有一种机制来识别优质的客户，考虑到我国农村经济的特点，农商行如果要想在农村赚钱，就必须创新业务发展模式，但具有垄断性质的农商行目前没有动力进行创新。

A农商行未能提供支农服务方面的详细数据，不过我们在调研中发现，A农商行其贷款主要用于地方政府的融资平台，支农贷款和支农户数均有所下降，他们坦言目前的农商行脱农化很严重，这一方面是因为农村经济结构本身发生了变化，农户数目减少和城镇化进程的加快，更重要的是以商业化为目的的农商行认为支农无利可图，农村交易量小且频率低，同时风险也较大，这使得农商行纷纷脱离农村，走向城市，在目前资金卖方市场的情况下，农商行通过把贷款投向城市可以大幅提高其利润。

B农商行改革后，农户贷款占比从7.33%下降到6.1%，减少了1.23个百分点，农村企业贷款占比从2.91%下降到2.39%，减少了0.53个百分点，每位农户贷款数量从5.08万元下降到3.12万元，减少了1.96万元（见表3-3）。以上数据显示，改革后的B农商行不仅涉农贷款减少了近2个百分点，表现出脱农化，逐渐远离农户。同时，每位农户的贷款数量也大幅下降，我们知道，随着农村经济的发展，农户对极小额贷款的需求越来越小，小量的贷款根本无法满足农户的需求，达不到促进农村经济发展的作用。

表3-3　　　　　　　　B农商行涉农贷款情况

	农户贷款/总贷款	农村企业贷款/总贷款	前两项合计	每位农户贷款数量
改革前	7.33%	2.91%	10.24%	5.08万元
改革后	6.1%	2.39%	8.49%	3.12万元

另外，我们还发现B农商行排名前十位的贷款对象，基本上为房地产开发企业、道路建设企业等大型企业，压根就没有农村企业和农村经济组织的影子，当然这种现象在改革前也很明显，改革后这种情况更加严重了。

第八节　盈利与支农：冲突还是兼容

通过前面的分析，我们发现改革后的农商行，其盈利水平都得到了大幅提高，而与此同时农商行的支农占比则有所下降，这引发我们的猜想，农商行盈利水平的提升是不是通过牺牲支农来实现的？

为此,我们把 B 农商行的净利润和支农贷款占比放在图 3-2 中进行对比分析,发现二者的波动轨迹呈背离关系,并且二者的相关系数为 -0.72,同时结合我们的实地调研,我们有理由相信农商行盈利水平的提高是通过牺牲支农来实现的,也就是说,在目前的制度设计下,农商行政策性支农义务和商业化行为难以兼容。

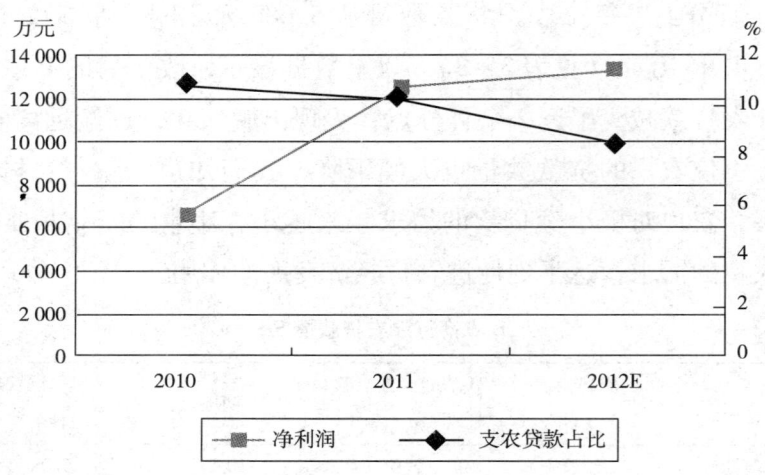

图 3-2 B 农商行盈利和支农的关系

我们用一个博弈模型来说明农商行支农与盈利的关系,该模型借鉴了罗伯特·吉本斯(1999)第四章非完全信息动态博弈的分析方法。以此模型来研究信息不对称如何使得农业企业融资存在困难,[①] 我们知道在广阔的农村,由于信用体系不健全,信息不对称现象表现得尤为严重。

假设农业企业需要一笔贷款来扩大生产,同时假设现存的农业企业存在两种情况,高利润和低利润,即 $\pi = H$ 或 L 且 $H > L$,需要的投资为 I,预期的收益为 R,资金的机会成本为 r 且 $R > I(1+$

---

① 为了分析的方便,这里只讨论农业企业,没有讨论农户。根据经济学的基本逻辑,其分析方法对农户也适用。

r)。农业企业与农商行签署了一个债务合同 D,如果农业企业扩大生产成功,则农商行的收益为 D,农业企业的收益为 $\pi+R-D$;如果农业企业扩大生产失败,农商行的收益为 $\pi+R$,农业企业的收益为 0。由于 $L>0$,则总是存在混同均衡,两种利润类型的债务合同均为 $D=I(1+r)$,并且都为农商行所接受。现实中由于存在信息不对称,农商行不能有效识别农业企业的类型或者识别的成本很高,这使得低利润类型农业企业有可能伪装成高利润类型农业企业,从而增加农商行贷款的风险,作为理性人的农商行也就不愿意为农业企业贷款,即追求盈利冲动的农商行,会通过各种手段来规避政策性支农义务。同时,作为理性人的农商行喜欢把资金贷给国有企业,这一方面可以减少其识别客户类型的成本,并且即使出现违约等情况,农商行也不用担心,反正都是国家的,政府将为此埋单。当然,如果有一种机制可以甄别出低利润类型农业企业和高利润类型农业企业,农商行也乐意向农业企业贷款。如果 L 为足够大的负数,使得 $R+L<I(1+r)$,则低利润类型农业企业不能伪装成高利润类型的农业企业,农商行也就不能与其签署债务合同。

上面讨论的是农商行与农业企业签订固定利率合同的情况,如果是农商行与农业企业签订浮动利率合同,即利润分成,类似的情况是不是仍然存在呢?

第一步,自然决定农业企业的利润状况,$\pi=L$ 的概率为 q;第二步,农业企业清楚地知道 π,并给予农商行的分成份额为 s 且 $0 \leq s \leq 1$;第三步,农商行观测到 s(当然无法观测到 π),然后决定是否接受农业企业的要约;第四步,如果农商行拒绝要约,则其收益为 $I(1+r)$,农业企业的收益为 π,如果农商行接受,则其收益为 $s(\pi+R)$,农业企业的收益为 $(1-s)(\pi+R)$。

假设农商行接收到要约 s 后,其推断 $\pi=L$ 的概率为 q,则农商行将接受 s,当且仅当

$$s[qL + (1-q)H + R] \geq I(1+r) \quad (1)$$

农业企业愿意通过这一方式进行融资，当且仅当

$$s \leq \frac{R}{\pi + R} \quad (2)$$

在混同均衡中，农商行接收到均衡要约之后的推断必须为 $p = q$，由于式（2）在 $\pi = H$ 时比 $\pi = L$ 时更难以满足，联合式（1）和式（2）意味着混同均衡只有下式成立时才存在：

$$\frac{I(1+r)}{pL + (1-p)H + R} \leq \frac{R}{H + R}$$

在式（1）中令 $p = q$，可得 $s \geq I(1+r)/[pL + (1-p)H + R]$，如果农商行确信 $\pi = H$，它将接受更小的分成份额 $s \geq I(1+r)/[H+R]$。然而混同均衡中农商行所要求的更大的分成份额对优质的农业企业来讲是相当昂贵的，使得农业企业有可能放弃通过这一方式进行融资。也就是说，在不完全信息条件下，农业企业拥有私人信息 π，而农商行不清楚农业企业的类型，使得农商行所要求的分成份额超过了农业企业的底线，从而农业企业不愿意通过这种方式向农商行融入资金。

总之，由于信息不对称的存在，农商行不能有效识别优质客户，一方面农商行不愿意向农业企业贷款，另一方面农业企业由于成本过高也不愿意向农商行融资，这需要一个制度设计来打破这种恶性循环关系。一是农业企业主动发送信号来显示自己是优质客户，同时农商行也需要设计一个机制来甄别这一信号。这些都需要借助现代信息通信技术，如推广手机银行来增加信用记录，实际上推广手机银行的成本也很低，此外，人们也可以通过各种各样的社交网络（如 QQ 空间，微博、Facebook 等）发布、传递和共享信息[①]。一旦农商行与农业企业信息对称了，支农与盈利也就兼容了。此外，我

---

① 有关信息处理的相关内容可参见谢平、邹传伟和刘海二撰写的《互联网金融模式研究》。

们也可以通过一些"强制"手段来改变农商行的支付函数，使得其盈利与支农相容，如给予农村金融业务一定补贴和优惠政策；对农商行进行强制性约束，比如银行内部交叉补贴、一定比例存款必须贷款给农村；放开涉农贷款利率，以覆盖成本和风险；给予农商行涉农贷款一定监管容忍度。

第九节 农信社未来的发展方向

在现有的制度设计下，农商行政策性支农和商业化行为不兼容，不能有效地发挥其支农的作用。既然如此，那么现阶段的我国农村到底需要什么形式的金融机构呢？是股份制、股份合作制还是合作制？对上述问题的回答，应该充分考虑到我国农村经济的特征，目前我国农村还处于小农经济阶段，农业还无法实现大规模机械化操作，特别是一些贫困山区尤其明显，同时我国的家庭联产承包责任制也束缚了农村经济规模化经营，此外，考虑到我国是人口大国，就业再就业压力大，如果农村土地实现了规模化经营，农村失业问题将会变得严重，影响到社会稳定。基于我国农村小农经济的特征，应当大力发展合作制金融机构，但是我们不能把熟人社会的信用体系和机制设计嫁接到生人社会，否则会出现严重问题，如2012年10月25日东方财富网报道江苏省连云港市4家农民资金互助合作社突然关门，村民上亿元存款蒸发；10月30日再次报道继江苏省沭阳、邳州、连云港、徐州以及江苏灌南县的合作社出事后，江苏省盐城金钰专业合作社也出现危机。上述资金互助合作社出现的危机，无不与其挪用资金用于非社员贷款有关。随着城镇化和工业化进程的推进，应逐步通过股份制等形式的金融机构来支持新型农村的发展。

目前，我国农村的主要金融机构，除了农信社，还有新型农村金融机构，包括村镇银行、小额贷款公司和资金互助社。截至 2011 年底，全国 242 家银行业金融机构共发起设立 786 家新型农村金融机构，其中村镇银行 726 家（已开业 635 家），贷款公司 10 家，农村资金互助社 50 家（已开业 46 家）；473 家分布在中西部地区，占 60.2%，313 家分布在东部地区，占 39.8%。新型农村金融机构累计吸引各类资本 369 亿元，各项贷款余额 1 316 亿元，其中小企业贷款余额 620 亿元，农户贷款余额 432 亿元，两者合计占各项贷款余额的 80%[①]。以上数据显示，新型农村金融机构已经在我国农村蓬勃发展，那么其与农信社到底是一个什么样关系，是替代还是互补？由于大多数村镇银行是由商业银行发起的，其运营模式跟股份制银行没有什么差别，基本上是股份制银行的一个翻版，同质化很严重，如赵志刚、巴曙松（2011）研究认为村镇银行由于现存制度的约束，依附于现有金融机构，与股份制银行"雷同"，难以主动去适应农村金融需求的小额、分散的特点，此外，张亦春、张金斌（2011）也认为村镇银行完全照搬发起银行商业模式，不在业务模式上进行创新，必然会面临水土不服的问题。因此，我们认为村镇银行和农商行应该是一种替代关系。而小额贷款公司和资金互助社，由于其特有的一些运营模式和产权模式，与现有的农商行/农信社应该是一种互补关系。

第十节　结论与政策建议

本章从股权结构与法人治理、风险管理水平、盈利能力和支农服务四个方面对 A、B 两家农信社股份制改革绩效进行了评价，得

---

① 资料来源：《中国银行业监督管理委员会年报 2011》。

出以下结论：

（一）改革后，两家农商行的法人治理结构都得到了改善，盈利能力和风险控制水平都得到了提高，但这离现代企业的要求仍然有较大的差距，股东结构仍然不够合理，需要进一步深化改革。农商行的盈利水平大幅提高，但脱农化较严重。农商行的风险控制水平得到提高，一些风险指标都符合监管部门的要求，但这并不能说明农商行的风险水平得到绝对有效控制，如对地方融资平台的贷款就蕴含着较大的风险，这需要我们进一步厘清地方政府和农商行之间的关系，防止地方政府通过控制农商行来为自己的政治目的服务。

（二）进一步分析发现，农商行盈利能力的提高更多的是通过脱农化来实现的。在当下的制度设计下，农商行政策性支农与其商业化行为不兼容，这主要是因为农村存在严重的信息不对称现象，一方面农商行不愿意向农业企业贷款，另一方面农业企业由于融资成本过高而不愿意向农商行融资。这需要借助现代信息通信技术来解决农村存在的信息不对称现象，如推广手机银行来增加信用记录，实际上推广手机银行的成本也很低，此外，人们也可以通过各种各样的社交网络（如 QQ 空间、微博和 Facebook 等）发布、传递和共享信息。同时我们也可以通过一些强制手段来改变农商行的支付函数，从而使得农商行盈利与支农能很好地兼容。

（三）现阶段的我国农村金融机构形式的选择，是股份制、股份合作制还是合作制？需要结合当前我国农村经济特征来考虑，目前我国农村还主要是小农经济，属于熟人社会的信用，应主要考虑合作制以及股份合作制。而随着城镇化进程的加快，熟人社会逐渐向生人社会演变，届时可以考虑股份制形式。需要强调的是不同阶段的金融机构存在形式应该是以某一形式为主体，其他形式相互协调和相互补充。此外，农村金融体系的构建，应大力鼓励民间资本的参与，鼓励金融机构自发创新。

第四章 村镇银行增量改革绩效评价

第一节 村镇银行的发展现状

2006年12月22日,中国银监会颁布了《关于调整放松农村地区银行业金融机构准入政策,更好支持社会主义新农村建设的意见》,积极号召民营资本和其他社会资本设立服务"三农"的新型农村金融机构,主要是村镇银行。村镇银行是监管层为突破困局,从农村金融存量改革过渡到增量改革的产物。

我国从2007年成立首家村镇银行以来,村镇银行如雨后春笋般在各地铺开,其机构数量、资产规模出现迅猛发展。总之,随着村镇银行在各地政府实现县域全覆盖布局的大力推动下,农村金融供给主体呈现出多样化的态势。截至2013年3月末,全国已组建村镇银行903家,其中批准开业836家,中西部地区组建557家,占比62%。全国已开业村镇银行资产总额4 540亿元,其中各项贷款余额2 636亿元;负债总额3 855亿元,其中各项存款余额3 164亿元。此外,各地政府积极鼓励村镇银行向县域、乡镇延伸,并加大了推动村镇银行迅速发展的力度,如:福建省于2013年出台《关于加快村镇银行组建和发展的指导意见》,至2015年末每个县设立1家村镇银行,实现村镇银行县域全覆盖;山东省政府出台《关于促进全省县域金融业更好更快发展的意见》,提出引导进一步扩大村镇银行试点规模，到 2015 年底，实现县域全覆盖。贵州省也将推动实现村镇银行乡镇全覆盖。

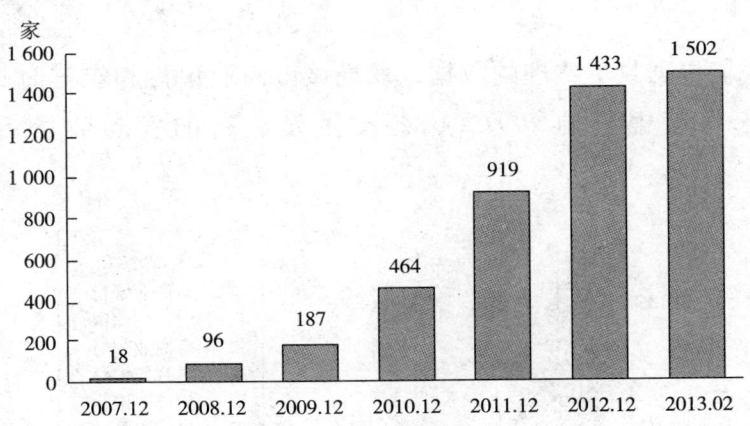

图 4-1　村镇银行的发展趋势

第二节　村镇银行的股权结构与公司治理

《村镇银行管理暂行规定》第二十五条明确规定，村镇银行的最大股东或者唯一股东必须是银行业金融机构，并且该银行的持股比例不得少于村镇银行股本总额的 20%，除主发起银行外，其他单个投资主体及其关联方持股比例不能超过 10%。监管当局出于审慎性和风险控制的因素考虑，设置主发起银行制度，在当时具有其一定的合理性。但从村镇银行的运行现状来看，该制度的一个直接结果是村镇银行的股权高度集中，其运营模式照搬其发起行的模式，未能有效地发挥支农的作用。2013 年 7 月 5 日，国务院办公厅发布了《关于金融支持经济结构调整和转型升级的指导意见》（国办发〔2013〕67 号，简称金十条），意见指出尝试由民间资本发起设立自担风险的民营银行、金融租赁公司和消费金融公司等金融机构，这为放开村镇银行的股东限制提供了依据。

(一) 村镇银行主发起行的结构

我们根据收集整理的数据,发现城市商业银行和农村商业银行是发起村镇银行的主力军,各类主发起行的发起数量占比如图4-2所示。

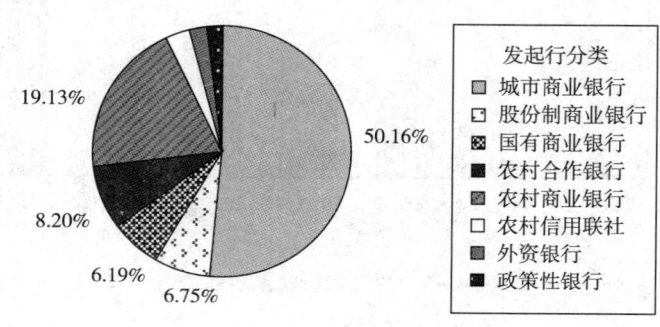

图4-2 主发起行的结构图

通过图4-2我们可以发现,城市商业银行和农村商业银行发起的村镇银行数量最多,分别占50.16%和19.13%。值得注意的是,虽然城市商业银行发起的村镇银行最多,但该类银行的总数也最多。总的来说,农村信用社几乎每家都发起一家村镇银行,政策性银行仅一家发起村镇银行。

为什么各类商业银行纷纷发起设立村镇银行,仅仅是监管层的政策使然吗?恐怕还有更深层次的战略目的。第一,一些国有商业银行为了抓住城镇化建设的机遇,通过村镇银行提前进军县域金融市场。在未来城乡一体化进程中,县域经济展现出了巨大的发展潜力,但由于国有商业银行的整个文化制度和管理流程大都按城市金融来设计,若要直接进入县域金融会存在一定的困难,村镇银行则是国有商业银行进入县域金融的一条捷径。第二,部分股份制银行借助村镇银行来弥补其网点的不足,如浦发银行、民生银行等。第三，地方性股份制银行和外资银行在利润的驱动下，通过设立村镇银行来规避监管当局对其在异地设立网点的约束，进而实现在规模上和经营范围上的迅速扩张。第四，政策性银行希望通过村镇银行来增加分支机构，绕过监管当局对其商业银行业务领域的限制。最后，外资银行通过发起设立村镇银行，以此来进军我国农村金融市场。不管出于什么目的，各类商业银行设立村镇银行目的，都不完全是为了支持农村经济的发展，或者说支农只是他们的一个幌子而已。

（二）主发起行对股权结构的影响

大部分研究认为，股权结构对公司治理的效率有一定的影响，适度集中的股权结构能优化公司治理的效率，而过于集中的股权一方面容易出现中小股东的"搭便车"现象，另一方面大股东可能侵害小股东利益；多元化的股权结构能够调动包括银行、企业、自然人在内的各方股东的积极性，从而实现银行、企业与行政资源在村镇银行的优化配置，并释放出应有的能量。民间资本的进入还能推进村镇银行的本土化，提升村镇银行对经济的支持力度。

在村镇银行的内部治理结构中，董事会成员一般由主发起行的金融机构和出资较多的非金融企业法人派出，高层管理人员也主要由主发起行委派。来自主发起行的高层管理人员受过良好的传统金融教育，一方面，他们比其他非金融企业的管理人员更熟悉银行的经营管理，使村镇银行能够迅速进入轨道；但另一方面，他们熟悉的城市金融在农村金融中难免有不相容的状况，加之他们对农村经济发展特征的不熟悉，使得村镇银行的管理人员对农村金融产生天然的排斥，使得他们在开展农村信贷业务时犹豫不决。

在可获得数据的300家村镇银行中，主发起银行的平均持股比例约为56.83%，总体上处于绝对控股地位，而70.60%的主发起行出资比例不低于51%。首先，外资银行、国开行、国有商业银行和股份制商业银行出资比例较高，大部分是绝对控股。这部分银行的资本金比较雄厚，并且在公司治理中比较强势，凭一己之力完全可以控制一家甚至多家村镇银行，它们对村镇银行的态度更像一个分支机构。其次，农村合作银行出资比例较低，大部分都是相对控股。相对其他商业银行而言，农村合作银行的底子比较弱，资金较少，负担较重，它们设立村镇银行的目的主要是努力发展壮大，延伸经营区域。城市商业银行、农村商业银行和农村信用联社出资比例较分散。城市商业银行和农村商业银行的实力介于前两类之间，它们与当地政府、民间资本的博弈根据具体情况而有所不同。

第三节 村镇银行的支农服务

村镇银行在支农方面，整体呈现增长的态势。截至2013年3月末，全国村镇银行共发放农户贷款974亿元，小微企业贷款1 322亿元，农户和小微企业贷款占全部贷款比重达87%。自2007年首次成立村镇银行以来，村镇银行已累计向88万户农户发放贷款2 364亿元，向21万家小微企业发放贷款4 198亿元。如：河南省村镇银行截至2013年5月末，资产总额317亿元，各项贷款余额171亿元，其中：涉农贷款余额155亿元，占比90.6%，农户和小企业贷款151亿元，占比88.3%，负债总额272亿元，各项存款余额222亿元。贵州省村镇银行截至2012年末，各项贷款余额19.65亿元，其中，涉农贷款余额占比76%，同比增加16个百分点。

虽然近年来村镇银行得到了快速发展，但发展参差不齐，在金融功能的发挥上存在不同程度的"脱农"现象。一是网点布局"脱农"。以贵州省为例，截至2012年12月末，全省村镇银行共设有27

个经营网点。其中,85.2%的经营网点位于所在市(县)的主城区,仅有14.8%的经营网点位于乡镇及以下区域;村镇银行在县以下区域设置ATM机或流动服务点为零。同时,2012年以来,村镇银行的新设网点均在县级以上区域,网点设置"离村进城"现象明显。二是金融服务方式"脱农",主要表现为:村镇银行的贷款模式大多是照搬发起行的贷款模式,农户贷款仍然立足于抵(质)押贷款,没有建立适合农村特点的授信工作机制,农户信用贷款门槛高,致使农户信用贷款发放力度偏低。同时,企业贷款集中度较高,村镇银行存在垒大户、贷款集中度高、"支农支小"难以实现的现象。三是金融产品"脱农"。《村镇银行管理暂行规定》批准村镇银行可经营8项业务,包括吸收存款,发放贷款,办理国内结算,办理票据承兑与贴现,从事同业拆借,从事银行卡业务,代理发行、代理兑付、承销政府债券,代理收付款项及代理保险业务等。但是,以贵州省为例,村镇银行仍以存贷款业务为主,银行卡业务、代理收付款项及代理保险业务等助农惠农金融服务开展滞后,难以满足"三农"金融服务需求,农村金融服务方式单一。此外,部分村镇银行在县域吸收存款后,并未将可贷资金全部用于当地经济建设,反而以存放同业等方式将资金抽离当地,形成资金"体外循环",成为县域经济又一资金"抽水机",严重削弱了差额存款准备金率政策的支农效果。

  由于现阶段我国对村镇银行在政策和行政指令方面的驱动,商业银行(农信社、农合行等)将村镇银行作为其抢滩设点的捷径。村镇银行在发展中,仍存在客户对村镇银行认知程度较低、盈利渠道单一、存款稳定性差、支付渠道不畅、专业人才匮乏、风险管理水平及抗风险能力低等制约其发展的症结,这也对其支农惠农经营的可持续性带来了巨大挑战。同时村镇银行的市场退出制度安排尚不完善,一旦村镇银行在既定的市场定位下发展受阻,可持续经营出现困境，对规模化发起村镇银行的发起行将带来巨大财务损失，一旦财务风险不能有效缓释，可能会引发系统性风险。

要实现村镇银行"支农支小"的政策初衷，除对其予以政策支持外，须对其经营行为加以正向激励和约束，将其"支农支小"的经营情况纳入对其考核、评价和政策支持程度的重要参考，实施差别化管理制度，指导、督促村镇银行立足于所在区域经济特点和客户情况，构建科学合理的组织架构、管理制度、业务流程和营销模式，完善授信审批和风险评估体系，创新特色产品和特色服务，提升支农服务水平，逐步建立科学合理、审慎稳健的绩效考核机制，提高合规经营和风险管理能力。

第四节　村镇银行的可持续性

根据金融可持续发展的定义，所谓村镇银行的可持续是指村镇银行不仅要在当前追求自我生存、开发农村金融市场，也要在农村金融市场扎根，获得永续发展。总之，要充分合理利用一切资源，坚定自身"服务三农"、"服务中小"的理念，从而实现利润最大化，不断提高自身盈利能力和相应的市场份额。村镇银行能否实现可持续发展，不仅影响到农村金融体制的改革，而且事关农村金融体系的稳定和城镇化进程。因此，应该把坚持"可持续"作为村镇银行发展的战略目标。具体来说，村镇银行的可持续性包括市场的可持续、财务的可持续以及金融制度的可持续。

（一）村镇银行的市场可持续

村镇银行的市场可持续主要依赖于农村经济的特征以及农村金融的需求，而农村经济的特征与农村金融的需求又是相互依存的，农村经济的特征决定了农村金融的需求。农村经济的特征主要表现在如下两个方面：

一方面，一家一户分散经营模式长期存在，人地关系紧张是我国农村经济发展的一个主要特点。目前，我国的人口数量已增加到13亿，而人均耕地减少到1.2亩，另外由于人口的不均匀分布，有1/3的省市人均耕地不到1亩，有666个县低于联合国确立的0.8亩的警戒线，463个县低于人均0.5亩的危险线（温铁军，2000）。从我国的实际情况来看，土地对于农民的社会保障功能大于其生产功能。在耕地福利化趋势下，公平原则高于效率原则，所以一家一户的经营模式成为了我国农村经济发展过程中的必然选择。另一方面，我国农村经济呈现多样化特点。家庭联产承包制解放了农村生产力，县镇企业的出现，调整了农村经济结构。进入90年代后，农村经济从以传统的农业为主，逐渐演变为"农林牧副渔、工商建运服"并存的局面，同时农村经济又逐渐向专业化发展，专业户大批涌现。

农村经济特征决定了农村金融需求，我们通过对南充市仪陇县农民以及仪陇惠民村镇银行的实地调查，发现我国农村金融需求主要表现为存款的需求、投资理财的需求和贷款的需求。从存款的需求来看，问卷调查结果表明，农民在银行（主要是农村信用社）有存款的占62%，没有存款的占比38%。这说明大部分农民收入水平提高，有钱可存，但同时也说明部分农民无钱可存，或者依然有"露富"的戒心，没有养成存款的习惯。农民的存款需求并没有出于对收益性的考虑，也就是说农民缺乏投资理财的意识，导致投资理财的金融需求较弱。我们在调研过程中发现，虽然村镇银行营业厅摆放了各式各样金融产品的宣传手册，但基本上无人过问，也没有银行员工对客户进行产品推介。宣传手册所介绍的业务中，只有存贷款业务是由村镇银行提供，而手机支付、网上银行等金融业务是由南充市商业银行提供。

仪陇地处丘陵地区，难以开展大规模、产业化种植，种植业多以家庭为单位小规模经营。而随着农民收入水平提高，政府补助增加，购买种子、化肥、小型农具等资金，农户基本可以不依靠外源融资，偶尔存在少量资金缺口，也可以通过亲朋好友筹借。仪陇的养殖业以饲养生猪、獭兔为主，并成立了相应的兔业协会、养猪协会，以专业经济合作组织的方式集中释放出信贷需求。生活性的贷款需求集中于农户婚丧嫁娶、子女教育和改善居住条件方面，而其中又以修缮住房、在新县城购置新房为主。另外，仪陇县是劳务输出大县，打工者的路费和外出的基本生活费需求也较大。这部分信贷需求的资金额度主要集中在2万~3万元，期限集中在一年左右。因此，以"小额、分散"为信贷原则的村镇银行拥有可开发的宽广市场。

从对仪陇县金融需求的调查分析，我们得知农村地区的金融需求以贷款融资类需求为主，而这类需求又主要通过生活性和生产性两种途径释放出来，前者多为农户的"小额、分散"为特点的小额信贷为主，后者主要为县域地区微小企业为了开展农业相关产业而对资金的需求。农村经济结构的变迁，与之伴随的农村金融需求的变化，呼唤多元化的金融机构与之相呼应，村镇银行作为农村金融机构的重要一员，应该积极适应变化的金融需求，拓展农村金融市场，显然现有的村镇银行制度安排未能适应现在的金融需求，不具有市场可持续。

（二）村镇银行的财务可持续

村镇银行的财务可持续是指村镇银行的经营收入能够覆盖其经营成本。主要有两个方面：第一，村镇银行在不依靠外来的资金支持和补贴的情况下，其经营收入能够完全覆盖经营成本，能够独立地维持自身的可持续运作并获得市场化的收益，我们称作为商业性可持续；第二，村镇银行的经营收入加上外来的资金或者补贴，能够覆盖其经营成本。村镇银行的永续发展，必须依靠自身的抗风险能力、盈利能力以及在农村金融市场中的特定角色，如果补贴长期存在，就会导致村镇银行对政府的依赖性增强，投机的可能性增大，使得村镇银行发展面临风险。

财务可持续主要体现在价格制定上，仪陇惠民村镇银行的贷款利率在基准利率的基础上，以 [0.9~2.5] 为贷款浮动区间。具体每笔贷款利率需要综合客服信用、风险程度、贷款方式与期限等并与客户进行协商最终确定。这不同于农信社"按贷款期限执行既定贷款利率"，村镇银行具备一定的利率定价能力，这也保证了信贷资金渗透率的提高。2011年惠民村镇银行最高利率为月利息13‰，最低利率为月利息6.3‰，加权月利息为8.6‰。

仪陇惠民村镇银行通过联络员制度、"银政合作"、"农户+龙头企业+银行"的创新模式，有效地解决了农村金融市场中信息不对称、抵押物缺失等问题，满足了不同层次的金融需求，这些问题的克服，有利于村镇银行降低自身经营成本，并且村镇银行利率能够根据不同的客户设计不同的利率，具有一定优势。因此，自身财务的可持续性是可行的。但长期来看，要想实现财务可持续必须能够适应变化的农村金融市场，否则财务可持续就是空谈。

（三）金融制度的可持续

金融制度的可持续性是指国家层面的金融制度、监管和市场体系的建设适应村镇银行的特定要求。其中，政府在村镇银行的可持续发展过程中的定位和作用是金融制度可持续性的核心内容。这也涉及政府介入村镇银行与否，以及介入程度和方式等问题的探讨。

不可否认，政府在村镇银行的发展中具有举足轻重的作用，但就村镇银行的机构经营和管理，政府的最优选择是不予干涉，让村镇银行独立发展。从目前的状况来看，不少地区县级政府正筹划入股村镇银行，并给予大量扶持。如果县级政府参股村镇银行，难免重蹈农村信用社覆辙，发放大量以县级政府自身经济利益为最大化目标的指令性贷款，并因此形成贷款损失。

第五节 村镇银行与社会资本

目前的村镇银行未能充分利用社会资本，只是照搬商业银行的模式，未能充分发挥其应有作用。为了缓解这一困境，村镇银行应该充分发挥社会资本的作用，促进其有效地发挥支农的作用。

（一）村镇银行与社会资本结合的模式

对于拥有信息与监督优势的地方性的社会资本来说，由于监管政策或者资金不足，无法为地方提供丰富的金融服务。而对于资金雄厚的大型金融机构来说，由于信息不对称和交易成本过高，不愿意进入这个市场。因此，在资金和信息相分离的情况下，农村的金融服务非常有限，产生了一个世界性的难题。然而，孟加拉乡村银行、印度尼西亚乡村信贷部、玻利维亚阳光银行却因为运用社会资本的经营模式，成为全世界解决农村金融市场问题的典范。

1. 格莱珉乡村银行模式

格莱珉乡村银行的经营模式是在乡村采用强制性存款担保和连带责任。其运用的流程为：在同一区域经济情况相似的5~6人的贫困者自愿组成贷款小组，在此基础上建立客户中心，作为进行技术培训和贷款交易的场所。每周一位成员出席小组和客户中心的例会，存5塔卡①在小组的基金账户上。组长负责收取每周还款并将款项交付给银行的客户经理处。如某一会员出现缺席例会或未偿还款项,将致使贷款小组的每一位成员失去银行贷款的资格;如果小组成员未还清贷款便离开贷款小组,小组的其他成员有义务替其还清所有的款项;小组解散,而小组成员的贷款未完全还清,则客户中心有义务还清款项;银行采用了交叉放贷的原则,即未得到贷款的成员只有在已得到贷款的成员完全付清贷款的情况下,才可以申请贷款;得到贷款的成员必须在一周之内将资金用于预定的用途,否则需将这笔资金存入银行,直到用于预定用途为止;贷款分期偿付,在贷款未完全付清以前,用贷款购买的资产的所有权归银行。这种业务创新获得了极大的成功,贷款的偿付率高达98%~100%。

孟加拉乡村银行模式充分运用了连带责任和社会压力的作用,这种连带责任和社会压力即社会资本。该模式下的每一位成员都是具有一定裙带关系的社区成员,即我们通常所称的"圈内人"。他们一方面受到法律、法规的管束,另一方面更受到伦理、道德和传统观念的约束。在通常情况下,伦理和道德的约束力比法律法规更强。成员之间具有共同的价值观,相互辅助,相互保护。"一荣俱荣、一损俱损"的连带责任,基本使得每一位成员都能将资金用于预定的项目和按时归还贷款,否则该成员将无法在该社交网络内生存。

2. 印度尼西亚乡村信贷部模式

印度尼西亚乡村信贷部也在其经营模式中成功运用社会资本有效解决了抵押品不足和信息不对称的难题。

印度尼西亚乡村信贷部通过地方代理人,一般是村镇的领导或者有威望的长辈(管理人员的社会网络资本),可以准确获得贷款者的信用状况、监督借款者的行为和及时反馈借贷者的情况变化。贷

---

① 塔卡为孟加拉国的货币。

款的发放主要依据借款者的基本资料和代理人的信用推荐函（即借款者的社会资本）。对于缺少抵押品的借款者来说，将社会资本作为抵押品。对于金融机构来说，简化了贷款的基本流程，降低了其执行和监督的成本。

印度尼西亚乡村信贷部摒弃了"物质资本"作为抵押品的模式，将"社会资本"作为抵押，有效地解决了乡村借贷中抵押品不足和信息不对称的情况。

3. 玻利维亚阳光银行模式

玻利维亚阳光银行的成功得益于其在发展中形成了独有特色的机制设计和创新理念，体现在以下几个方面。

一是小组贷款机制。玻利维亚阳光银行要求由3~8人组成小组，小组成员都可以贷款。这种小组联保的机制（成员间负有连带责任），其实质是乡村具有相同的价值趋向的成员所组成的非正式团体，以此产生较强的组织凝聚力，成员间相互利用、相互帮忙、相互保护，成员间树立起以成员的发展为荣，以成员的违约为耻的荣辱观。对于违约问题存在一个特殊的"风险扩散机制"，即如果一个成员违约，所有成员都会失去借款的机会。这种连带责任不仅缓解了成员的逆向选择和道德风险问题，还降低了风险和成本。

二是商业化转型。通过提高利率来解决财务不可持续问题。玻利维亚存在大量的微量企业和个体工商业者。在市场经济下，微小企业由于发展需要，他们对资金需求强烈。虽然支付了高利率，但却获得了资金，只要收益可以覆盖成本，他们也愿意支付高利率，这样促使了玻利维亚阳光银行资金的有效循环。

三是动态激励机制。玻利维亚阳光银行的动态激励机制是指将贷方的历史信用记录在案，以促进贷款人还款。他们的具体做法是，先用较小的贷款额度进行尝试，来考察借款者的真实信用水平。如果借款人在后续的还款过程中表现良好，那就可能得到反复的信贷服务；如果拖欠贷款，再获得贷款的可能性就随之降低。倘若借款者以后还想得到贷款，那么他违约的可能性就几乎为零。贷款数额会随着借款人的信誉记录考察的升级不断提高。

显然，玻利维亚阳光银行模式也是一种利用社会压力和连带责任（实际上是贷款人的社会资本）而建立起来的组织形式，利用网络内成员所熟知的个人品质决定授信额度。

（二）我国村镇银行＋社会资本的模式

1. 农户联保的模式

农户联保是指较为熟悉的农户自愿组成的联保小组，相互担保、相互督促、相互制约，共同承担连带保证责任，在某种程度上起到防范信贷风险的作用。农户联保可以利用成员间的自我选择（即选择还款概率高的农户组成小组）、同辈监督、共享规范，通过成员间建立的社会网络，有力地保障了本息的偿还。农户联保即利用农户的社会资本作为无形的抵押品，实现信息和资金的有机结合。

在农户联保的业务模式中，借款人一方面为维护自己在一定区域内的声誉，竭力保证按时偿付款项；另一方面，借款人的违约会造成担保人替其偿付本息，因此，担保人凭借其地缘等优势会尽职地观察和督促借款人，即降低了村镇银行的监督和执行成本，也有力地保证了贷款按时偿付。

2. 乡村信贷联络员模式

为了解决农村信贷中信息不对称的问题，各地村镇银行纷纷寻找相应的解决办法，如某些村镇银行建立村级贷款联络员；有的村镇银行聘请村中的村主任、村支书作为贷款义务监督员；有的村镇银行则强化信贷员的走访（每个信贷员负责一定的责任区域，而且这些信贷员基本上都是当地人）。由于这些信贷员、贷款督促员以及村镇银行信贷人员都是当地人，对于当地的情况较为了解，使得信息不对称的问题得到了较好的解决。

村镇银行的"乡村信贷联络员"模式中，村镇银行是外部放贷人，而信贷联络员、贷款督促员是具有信息优势的内部人，可以充分识别和运用农户的社会资本。运作中的关键环节，是贷款机构能充分利用当地人所提供的有效信息。激励和约束信贷人员、信贷联络和督促员，成为缓解信息不对称的核心环节，这是村镇银行克服道德风险和逆向选择，从而得到有效运作的重要途径。

村镇银行可以了解借款者的基本信息，自然贷款风险也就能得到有效的控制。因此只要是农户的正当贷款需求，村镇银行一般都能够满足，这对于双方建立相互信任关系有很大的帮助。同时，通过村镇银行与能够按时还贷的部分借款农户之间的多次信贷交易，使得这部分农户能够切实感受到如果遵守信用，就容易从村镇银行获得贷款，农户自然对于村镇银行的信任程度也就得到了加强。不仅如此，借贷双方之间的正常信贷交往还为非借款农户形成了示范效应。借贷双方之间的信任程度随着交易次数的增加而日渐加深。这对于初涉农村市场不久的村镇银行累计信誉，开拓业务有极大的帮助。

3. "农户+企业+村镇银行"模式

"农户+企业+村镇银行"是商业银行供应链融资的衍生。对于商业银行来说，为控制产业链上下游的信贷风险，选择供应链上的合作关系较好的大型企业为出发点，为其上下游进行融资，同时以该大型企业的信用作为担保。对于乡村的小微型农业企业来说，同样面临着抵押物不足的情况，无法提供足值的抵押品进行融资。此时，部分银行提出了创新性的融资方案，即通过以专业农户小组的信用为抵押，农户的抵押品为其社会资本。专业农户得到融资，向普通农户收购商品，同时赊销给农业企业。农业企业在完成销售之后，对于农户进行收购加价和利息补贴。

村镇银行创新性地利用农户社会资本的业务模式，完成了产业链上各环节的融资过程，保证了农业生产和销售的顺利进行。这充分说明了农户的社会资本可以作为一种有效的抵押品，为融资提供便利。

第五章 资金互助社增量改革绩效评价：
益民个案

随着经济改革与发展进程的推进，我国正面临着由工业化向后工业化过渡的新转折点，农村经济改革也进入了新的阶段。20世纪90年代中后期我国逐步构建起以农业银行、农业发展银行、农村信用社为轴心的农村正规金融组织体系。但由于我国国情和农村金融的特殊性，近几年各商业银行逐渐从农村撤离、农业发展银行演化成专门为粮棉油收购服务的政策性机构、农村信用合作社经历曲折、农村合作基金会消亡……面对这种情况，很多学者甚至怀疑合作金融在我国没有生存的土壤和条件。

然而，与此同时，一种新型的合作金融组织形式——农村资金互助社破茧而出。为了引导和促进农村资金互助合作社健康发展，2006年12月20日，中国银行业监督管理委员会颁布了《关于调整放宽农村地区银行业金融机构准入政策，更好促进社会主义新农村建设的若干意见》（以下简称《意见》），《意见》将农村资金互助合作社列为新增银行业金融机构，同时指出依据自愿原则，农户可以筹建社员民主管理的资金互助合作社。2007年1月22日，银监会颁布了《农村资金互助合作社管理暂行规定》和《农村资金互助社示范章程》，为资金互助社的发展解决了政策困境。作为一种内生的合作金融组织，农村资金互助社在全国范围内不断被复制和推广。

第一节　益民资金互助社的运行机制

2006年，苍溪县原文林乡在机构改革中被撤，并入岳东镇，乡信用社随即被撤销。由于当地没有其他金融机构，农户办理金融业务往返路程较远，村民出行方式主要为步行、摩托车、搭载过路班车等，也出现过社员到岳东镇信用社取款后被抢劫的情况。因此，当地群众对于获得便利金融服务的呼声很高。岳东镇文林场附近10个村的群众本着"自愿入股、民主管理、服务社员、共谋利益"的原则，发起组建了四川省苍溪县益民农村资金互助社。

四川省苍溪县益民农村资金互助社成立于2007年7月8日，注册资本31万元，共有社员1 767名，农户参与面75.3%，惠及7 068人。单户社员最低入股100元，最高30 000元。从2007年7月8日成立截至2012年5月，互助社社员已增至2 001户，占岳东镇文林社区所有家庭户的85%，单户最高入股4万元。股本金总额50万元，附属资本金48万元。社员存款从成立之初的96万元增加到目前的1 257万元，5年来为社员累计发放贷款3 368万元，实现营业收入163.4万元，其中利润总额36.74万元、利息收入137.4万元。给社员分配红利13.65万元，资本充足率为14.4%，没有一笔不良贷款，提取呆账准备金、一般准备金、盈余公积、资本公积等共计54.16万元。

一、存款设计

益民资金互助社以央行各档次存款利率的加权平均数作为固定利率；在贷款利率中，三类贷款统一一个利率标准，贷款利率大体低于信用社1个百分点。

表 5-1 益民资金互助社存贷款利率表

	存款利率	贷款利率
2007年7月8日—2008年2月	3%	7.25%、8.7%[①]
2008年2月—2009年1月	3.9%	8.7%
2009—2010年	3.5%	9.1%
2010—2011年	3.5%	10.41%

资料来源：调研资料整理所得。

表 5-2 我国活期存款利率调整表

时间	活期存款利率
2007-03-18	0.72
2007-07-21	0.81
2007-12-21	0.72
2008-11-27	0.36
2011-02-09	0.40
2011-04-06	0.50
2012-06-08	0.40
2012-07-06	0.35

资料来源：中国人民银行网站资料整理所得。

通过调研，我们发现互助社确定利率的原则是比一年期存款的实际利率略高。此外，互助社存款不分活期和定期，一律执行上述利率标准，远远高于国家活期存款利率。结息方面不是商业银行通行的每个季度结息一次，而是采取半年结息一次的方式，无须社员到社办理，自动变为本金开始计息，享受"利滚利"，汇款到社的存款，当天存入账户并开始计息。

二、贷款设计

目前益民资金互助社有两种贷款方式：一是按月还本付息。此方式由广元银监分局代为设计，适用于每月有较为稳定现金流的借款人。二是按季结息、到期还本，这个方式是资金互助社管理层根据借款人现金流量的实际情况自行设计的。目前，以此种方式发放的贷款的比重大约为70%。所有贷款均为信用贷款，没有抵押贷款；但贷款金额较大的需要有担保人。

表5-3 益民资金互助社贷款的期限

期限	6个月以内	6个月至一年	一年至两年
比例（%）	25	70	5

资料来源：调研资料整理所得。

从贷款用途上看，农户贷款大约60%、个体户贷款占40%，主要用于治病、上学、建房、养殖、种植等方面。从贷款发放流程看，每年年末的时候是社员代表比较辛苦的时候，一般都会奔走于自己所挂钩的村组，对社员家庭收入、家庭财产、劳动力人数、信用状况进行分析评价。在完成这一项工作以后，由社员代表提出该户下一年的授信额度。并把这一额度报理事会进行审核。理事会开会讨论、综合考虑后，最终确定该户社员下一年的信用额度。当社员需要贷款时，需要与贷款担保人、社员代表一起填写借款申请书。担保人签字表示自己承诺承担连带责任，社员代表签字表示一种审核。理事长、会计和出纳开会决定是否予以贷款。如果决定发放贷款，就马上填写借款合同，当场发放贷款；若不同意发放贷款，就要以理事会的名义作出决定。这是针对借款人在其授信额度内借款的操作流程。当借款超过授信额度时，如果项目有可行性，则召开理事会并要求监事列席，讨论决定最终是否发放贷款。从贷款催收看，益民采取的方法见表5-4。

表5-4　　　　　　　益民资金互助社的贷款催收办法

催收次数	做法
第一次	通知借款人本人
第二次	通知借款人所在村的社员代表，由其向该村所有的社员通报
第三次	在其所在村内通报，"信息上墙"
第四次	在全社范围内通报，"信息上墙"

资料来源：调研资料整理所得。

益民资金互助社由于没有抵押品，主要靠熟人社会的社会资本，因为在农村地区"人情资本"是无形抵押品。这种抵押品与熟人社会中的声誉、认同感等结合起来，会对当事人的行为构成强烈的制约。一旦当事人贷款不还，那他付出的代价将是巨大的，不仅包括经济损失，也包括人格、尊严、声誉等在内的损失，不但自己会受到影响，而且家族成员也会受到牵连。因此，面对如此强大的制约力，当事人违约的可能性大大降低。

益民资金互助社的还款方式也相当方便，外出务工的社员直接把钱打至互助社专用账号，就可办理相应的贷款偿还。益民资金互助社采用"交易返还"制度——按照约定归还以后，借款人可获其所支付利息总额10%的返还。但返还的资金并不是马上就可以支取，而是记入借款人的公积金账户，3年之内若没有违约记录，才能够支取。

三、风险管理

在风险管理方面，益民资金互助社制定了互助社章程和26个主要管理制度，设计了统一的社员证，社员凭证办理相关业务。同时进行信用编组，3 000元以下的贷款凭借身份证和社员证办理，

3 000元以上的贷款需信用小组联保。在资金投放上，实行双线记录：一线为社员证业务手工记录，社员凭借社员证和身份证，在授信总额内向员工提出贷款要求，员工办理放贷，现场记录于社员证上，再将证返还社员本人；另一线为员工电脑业务记录，依据社员的家庭账号，据实记录于所在账户，以备核对与检查。将业务规则、计息公式、操作流程和违约处理事先告知所有社员，提高办事效率、避免员工以贷寻租。

监管当局要求互助社"四不"，即不发放非社员贷款、不发放非涉农贷款、不发放大额贷款、不发放异地贷款。采取账户托管制度，资金互助社只能在所在镇农村信用社开户，信用社主任有责任监督资金汇划并向银监部门汇报有关情况，保障资金的安全。

第二节 益民资金互助社的治理结构

益民资金互助社的最高权力机构是社员代表大会，现有35名社员代表。社员代表的选定遵循以下原则：出资额前十位的社员为社员代表，其余名额根据各村社员人数和出资额予以确定，但规定每村至少一名社员代表。社员代表的主要职责为：作为社员之间的联络人和召集人，负责信息沟通、信用分组、提出社员授信额度建议、贷款监督和催收等事务。如果遇到天灾人祸，贷款需要展期的，社员代表还要出具相关证明。

益民资金互助社的执行机构是理事会，由7名理事构成，理事长一人作为该社的法定代表人。除理事长为专职外，其余理事均为兼职理事。监事会是该社的监督机构，有5名监事，均为兼职监事，没有专职监事。由已经退休的原文林乡人大主任做监事长，他在文林社区有很高的威望。益民的开户银行是东镇农村信用社，信用社主任自动成为监事。另一名监事由捐赠人代表担任,目前是四川协合会计师事务所的一名会计。

理事会和监事会一个季度至少召开一次。理事、监事均由社员代表大会选举产生,理事、监事、社员代表的任期都是3年,可以连选连任。选举时,社员代表一人一票,出资额前七位的社员享有附加表决权。

第三节 益民资金互助社的支农服务

益民资金互助社涵盖了整个岳东镇人口约8 400人。2007年成立之时,文林场10个村近2 000户在乡农户中有1 767户投资入股,覆盖面达75.3%。2010年增资扩股以后,社员数达到2 001户,覆盖面高达85%。较高的农户覆盖面不仅证明了资金互助社制度上的合理,也体现了互助社服务于当地金融的成效。

一、社员需求满足程度

2012年5月,我们对四川省苍溪县岳东镇文林场进行了调研,结合问卷调查与访谈法,走访的目标群体锁定在益民资金互助社社员,通过"一对一"的访谈来填写问卷,这一方面保证问卷填答的质量,提高资料的可信度,另一方面有利于获得问卷之外的信息。调查问卷共发放50份,回收50份,经整理,有效问卷48份,有效回收率为96%。调查内容侧重点在于益民资金互助社资金满足情况和农户评价。

调查对象的基本情况如下:文林场上青年农户比例较低,走访调查时发现文林场农户大多数都是老人小孩留守,多数青壮年只在秋收时回家务农，通常在外打工。因此收入来源以外出务工、个体经营为主，农业收入所占收入比重只有20%~30%。具体如图5-1所示。

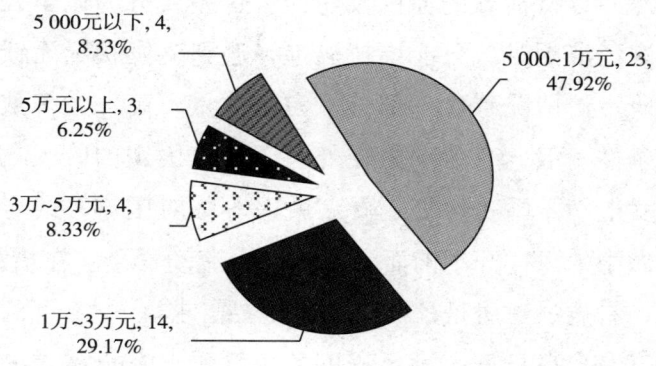

资料来源：调研资料整理所得。

图5-1 益民资金互助社社员2011年收入情况

而农户融资时的主要考虑因素如图5-2所示。

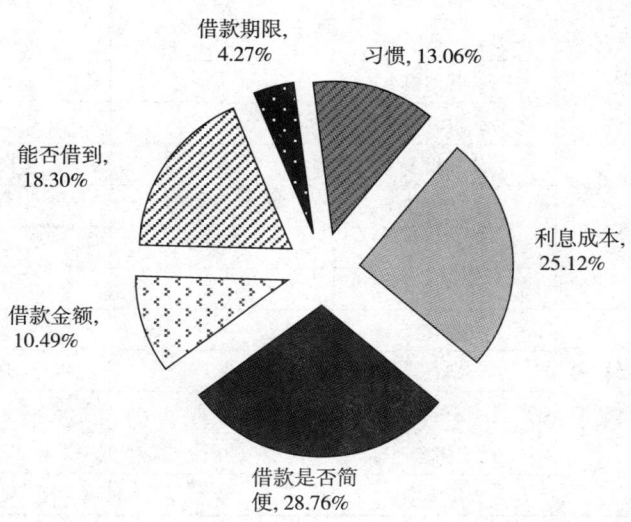

资料来源：调研资料整理所得。

图5-2 农户融资考虑因素分析

从图 5-2 中可知，借款程序是否简便是农户考虑的第一因素。社员的贷款集中于 1 万~3 万元的小额贷款，一年以内还清贷款比例为 100%。可见，益民资金互助社的建立，缓解了农户资金的不足。接下来再深入分析借款的原因及用途。这主要分为以下几种：一种情况是家庭经济困难，只能维持温饱，遇到突发状况无钱可用而借款，从调研走访情况看这一部分所占的比重不高。大多数的情况是家庭经济条件一般，有劳动力在外打工且有固定的收入，突遇天灾人祸、子女上学、婚丧嫁娶、看病就医等临时困难，或者是遇到翻修住宅、做小生意、开小铺面，手中缺少流动资金。在借款原因上，子女教育、看病、建房是社员借款的主要需求。

从借贷农户自身需求满足程度的角度看，农户需求的满足程度是比较好的。对于互助社的运行，大多数社员评价都很高。

表 5-5　　　　　　　　　　益民资金互助社社员评价

调查问题	选项	频数	百分比（%）
是否从益民资金互助社得到帮助？	是，很大帮助	13	27.08
	是，一些帮助	33	68.75
	否，帮助很小	1	2.08
	否，没有帮助	1	2.08
加入益民资金互助社以后，您的收入是否有变化？	增加很多	8	16.67
	有所增加	37	77.08
	没有变化	2	4.17
	有所减少	1	2.08
您对于资金互助社的业务操作和规章制度是否满意？	很满意	6	12.5
	满意	40	83.33
	一般	2	4.17
	不满意	0	0
	极不满意	0	0

资料来源：调研资料整理所得。

95.83% 的受访社员认为从资金互助组织中得到了帮助，问及资金互助社对家庭收入的影响,大部分受访社员不愿意透露收入增加情况,但仍可发现有93.75%的受访社员在加入资金互助组织后收入增加。社员最直观的感受来自每年资金互助社的分红。

二、农户覆盖程度

益民资金互助社的设立,不仅满足了农户资金需求,并且支持了当地企业。在资金互助社成立以前,文林场的农民们面对着农村金融普遍存在的问题:农户发展生产资金紧缺、由于银行"门槛"太高、缺乏抵押、贫困"帽子"等原因而贷不到款。5年来,益民资金互助社累计为辖区社员发放贷款3 368万元,贴息18.5万元,提供汇兑业务1 356笔,共3 256万元。为社员分取红利累计13.65万元、支援扩大经营规模资金1 330万元。扶持兴华猪业专业合作社、太合砖厂、民生家具厂等民营企业6家。以下简要介绍几个具体调研案例。

杜华芳,文林社区神马村社员。地震后在互助社贷款1万元购买10头小猪,5个月后10头猪全部出栏,赚了5 000元。尝到甜头的她2008年12月再次申请贷款3万元扩建猪厂,经互助社理事会讨论,大家认为她是个有事业心的人,同意放贷。她把猪厂扩大到500余头的规模,共出栏肥猪350头,还存栏260头。如今她家已买了小货车、收割机等现代化农具。

杨贵兵,住在文林场的外乡人,电信业务合作伙伴,负责收取文林的电话费。过去在月初时都要垫付片区内用户的话费,常常资金不足,因为他不是本乡人,不能在金融机构申请发放异地贷款,并且收费点又远离金融机构,存取钱存在诸多不便。杨贵兵加入益民资金互助社,存取款、换取小钞都只需要过街,简单方便。互助社还为他授信3万元,实实在在地解决了他月初垫付话费时资金不足的难题。

　　高泽民，文林社区文坪村社员。地震中损毁6间房屋，在互助社贷款3万元建房，不料屋漏偏逢连夜雨，他的妻子又患病无钱医治。这种情况下的申请贷款是不符合规定的。金继贵社长介绍说，这是他们五年中唯一一次违规操作，当时互助社已经做好了亏损的心理准备。但面对社员的无助时，经理事会成员3次反复研究，还是决定发扬"互助"的精神。由理事会成员担保，在已有贷款3万元的基础上增加放贷2万元，帮助他治病救人。半年后，高泽民的儿子高勇务工回家，第一件事就是到互助社归还贷款，并对互助社的雪中送炭感激不尽。

　　罗训，文林社区天山村社员。2008年在互助社贷款2万元养猪，年末赶上生猪涨价的好机会，半年时间盈利2万余元。后来，政府大力扶持猪业专业合作社，于是罗训再向互助社申请5万元贷款，扩建猪场400平方米，从事养殖共计盈利18万元，成为当地有名的致富先进个人。

　　王民生，文林社区两利村社员。10年前开始开办"民生"家具厂。2008年地震后，家具供不应求，王民生从成都批发成品家具，再批发给附近地区的小型经销商，面临着垫付资金、货物贮备的巨大压力。益民资金互助社全力支持他的贷款需求。他频繁出入资金互助社，把互助社当成了自己的家。四年多来，王民生获得互助社累计贷款80余万元。

　　文双砖厂。"5·12"地震以前，年产砖量仅540万匹，由于苍溪是"5·12"地震重灾区之一，砖块作为灾后重建建筑材料的必需品供不应求，文双砖厂急需扩大产量，但是资金不足难以扩大生产规模的困境，成为制约该企业发展的瓶颈。经理事会、监事会共同研究，互助社在保证风险可控的前提下，通过"联保+抵押"的方式为该砖厂提供了15万元固定资产贷款。文双砖厂购买生产设备以后,年产砖量扩大到1 400万匹,实现了砖厂与互助社的"双赢"。

通过以上案例,我们发现真正合作性质的资金互助社,不仅填补了金融服务空白,并且因地制宜提供了方便高效的金融服务。如前文介绍,1999年农村合作基金会关闭,2005年文林场撤乡并镇,所有金融机构全部撤离偏远的文林场。益民资金互助社不仅仅提供了原有的存、取、汇兑,还拓展了信用社、农业银行、邮政储蓄三家银行的取款、转款业务,这种业务不受取款金额的限制(3万元以上取款金额需提前一天电话预约)。股金分红、利息减免等,均按时亲自发放到社员手中。这些就近、方便、快捷的服务,切实解除了外出务工人员对留守在家的老人孩子的后顾之忧。

第四节 益民资金互助社的可持续性

农村资金互助社作为一个金融机构,能否实现财务可持续,是资金互助社运行的基本前提。益民资金互助社营运五年以来,基本实现了机构的盈利和财务可持续。

表5-6　　　　　　　　益民资金互助社运营状况

总资产	1 344万元		存款量	余额1 234万元,户数1 345户
负债	1 234万元		贷款量	余额785万元,户数935户
所有者权益	107万元	实收资本50万元	贷款期限	3个月内比重20%
		未分配利润1.4万元		1年以内比重100%
社员户数	2 001户		贷款到期收回率	96%
营业收入	163.4万元	利息收入137.4万元	收息率	99.5%
		利润36.74万元		
			不良贷款率	0
资本充足率	14.4%		累积红利	13.65万元

资料来源:调研资料整理所得。

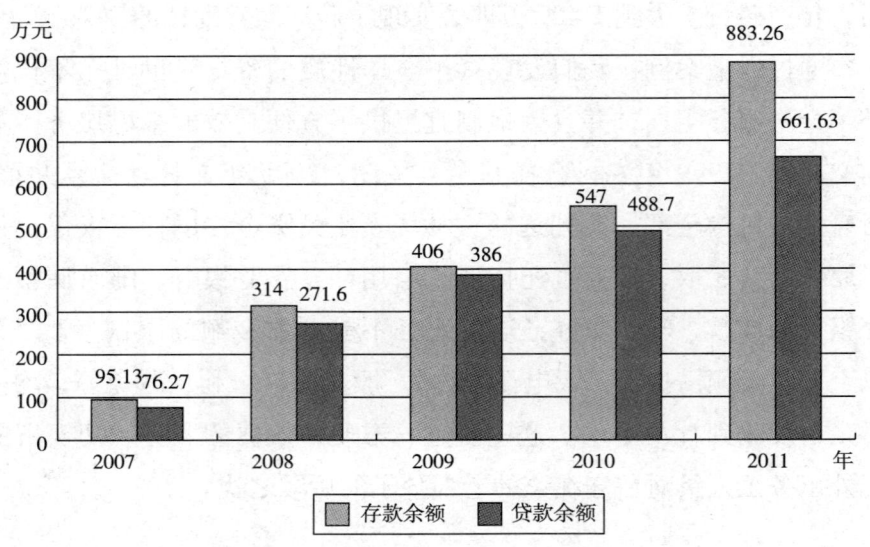

资料来源：调研资料整理所得。

图 5-3 益民资金互助社存贷款情况

益民资金互助社由于坚持互助的基本原则，不论在业务规模还是盈利水平上，都表现出一定的可持续性。益民资金互助社从 2007 年成立之初的存款 96.13 万元、贷款 76.27 万元，发展到 2012 年 6 月末的存款 1 257 万元、贷款 730 万元。

表 5-7 益民资金互助社的支出情况 单位：万元

	2007 年	2008 年	2009 年	2010 年	2011 年
每年固定成本	1.36	5.3	11.59	21.93	24.94
每年利息支出	0.73	9.9	9.07	13.27	24.43
每年分红（%）	0	5	10	15	5

资料来源：调研资料整理所得。

在运营成本方面，益民资金互助社由于坚持合作制，其成本相对较低。

从益民资金互助社 5 年的收入和利润情况来看，2007 年，由于刚刚成立，固定支出较多，该年亏损 8 000 多元，之后便扭亏为盈，

第五章 资金互助社增量改革绩效评价：益民个案

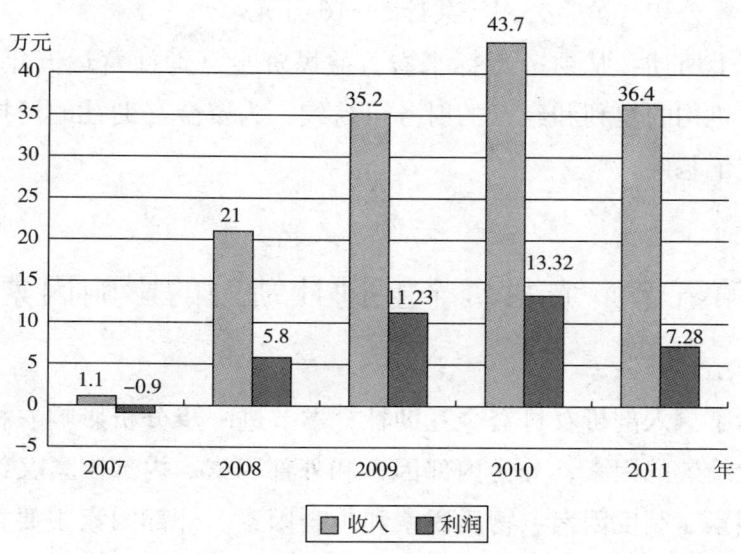

资料来源：调研资料整理所得。

图 5-4 益民资金互助社收入利润情况

利润总额不断上升。2011 年利润额、分红数额减少，主要原因是 2011 年 11 月，资金互助社耗资 6 万元重新装修了营业室、做社牌、营业室背景墙和柜台、安装防弹玻璃等。

拨备对于金融机构而言，不仅可以反映资产的公允价值，也可以用来衡量金融机构应对变化的能力。益民资金互助社在作为服务农村的金融机构，在 5 年的发展过程中，注重健全拨备计提防范风险。

表 5-8　　　　益民资金互助社的拨备情况　　　　单位：万元

年份	2007	2008	2009	2010	2011
不良贷款拨备（一般）	0	3.52	4.5	4.5	2.5
不良贷款拨备（专项）	0	0	3.87	4.88	6.61

资料来源：调研资料整理所得。

截至 2011 年底，益民资金互助社已经提取呆账准备金、一般准备、资本公积、盈余公积等共计 54.16 万元。

综上所述,从财务指标来看,益民资金互助社营运五年以来,实现了机构的盈利和经营的财务可持续,为资金互助社的可持续发展奠定了基础。

第五节 农村资金互助社绩效的影响因素

为了深入剖析农村资金互助社,本节进一步分析影响农村资金互助社绩效的因素,分为内部因素和外部因素。内部因素又细分为人力因素、制度因素、物质因素和声誉因素。外部因素主要指资金互助社所处的生态环境,涉及资金互助社与监管机构、其他农村金融机构、农村生产合作社、政策性银行的相互关系。

一、内部因素

1. 人力因素

人力因素,主要从社长和社员两个方面来理解。社长方面指以社长为代表的村中权威人物及其影响力。社员方面,主要指农民的合作精神与民主管理。

农民合作精神的培育不是一朝一夕的事情,长期以来农民在小农经济中习惯了单干。益民资金互助社在组建的过程中就遇到了这种情况,发起设立时,文林社区农村合作基金的清欠工作还没有完全结束,对于加入互助社持怀疑观望态度。后来在当地银监局的大力宣传下,村民们感觉到家门口新来的这个机构跟以往金融机构不太一样,抱着试试看的心态,在投资入股之后成为互助社的社员。农村资金互助社最基本的原则是社员自愿入股、实行民主管理、为社员服务。可是现实情况来看，大多数的社员被吸引加入互助社，并不是因为农民充分了解互助社的精神和理念，也不是看重互助社的民主管理，而是希望从互助社得到实实在在的实惠。这样的想法无可厚非，但是对于农村资金互助社的长远发展而言，必须要有农民的合作精神与民主管理做支撑。

正是由于农民合作精神的培育和民主管理的完善需要漫长的过程，村中能人就会在这个过程中脱颖而出，在互助社的发展中扮演着不可替代的角色，这在资金互助社成长初期尤为明显。益民资金互助社社长金继贵是当地的能人，年富力强，有吃苦耐劳精神，人品谦逊质朴。他做过5年的保险代理，以前还曾经帮助农信社催收过贷款，现在经营一家小卖部，在文林场有比较可观的固定资产，周围村庄的大多数人都与他相熟，在村民中有一定的公信力。金继贵可以把自己的经验积累和人脉资源运用到资金互助社中来。监事长曾凯凡退休前是原文林乡人大主任，他在文林社区德高望重。在村中能人和权威人物的号召和带领下，社员对资金互助社的迷茫和怀疑减少，逐渐熟悉资金互助社的运作。通过投票和民主管理等参与其中，农民的思维方式和认识水平会逐渐适应互助这种方式，在互助中学习民主管理。

2. 制度因素

完善的组织制度和健全的规章制度是资金互助社规范化发展的前提，是社员民主意识提高的基础。益民资金互助社在发起组建过程中，民主推荐和选举产生了发起人代表、社员代表。在法人治理上，互助社成立了由民主推选的35名社员代表组成的社员代表大会，为互助社最高权力机构，7名代表组成理事会，3名社员代表、1名捐赠人代表、1名托管银行代表共5人组成监事会。日常经营由理事会负责，监事会负责对理事会的经营管理活动进行监督，建立起了比较完善的内部治理结构。

五年来，益民资金互助社制定并出台《苍溪县益民资金互助社安全保卫管理暂行办法》、《苍溪县益民资金互助社财务管理暂行办法》、《苍溪县益民资金互助社员工管理暂行办法》、《苍溪县益民资金互助社贷款管理制度（暂行）》、《苍溪县益民资金互助社稽核工作管理暂行办法》等，涉及信贷、结算、服务、人事、行政管理各方面。设计了统一的社员证，实行民主先行授信、社员凭证办理业务。开展信用编组，3 000元以下的贷款凭借身份证和社员证办理，3 000元以上的贷款需信用小组联保。明确动态授信、守信有奖、违约预警的约束。建立信用户贷款利率10%奖励、违约者及时提示与不良记录惩戒制度。试行严格的预算、执行、监督制度与及时的信息披露。

3. 物质因素

物质因素主要包括资金互助社的股本以及社员人数，这两个方面决定了资金互助社的规模。农村资金互助社股本是推动机构顺利运转的血液，是机构进一步发展壮大的基础。在互助社发展初期，股金总额越高，机构的资金实力越雄厚，越能满足农户的贷款需求，在农户中树立良好的口碑。社员人数是机构发展最基本的物质资源。一方面，社员为资金互助社提供股金和存款，是资金互助社融资的源泉；另一方面，社员从资金互助社申请贷款、缴纳利息，是资金互助社获取利润的主要途径。

按照银监会的规定，农村资金互助社按照经营范围可以分为村级和镇级两类。筹备之初，广元市监管部门把互助社的基本规模定为1 200户。监管部门如此考虑是独具匠心的，因为作为正规的金融组织，如果规模太小，提供的金融服务有限，起不到该组织应有的作用。但是规模又不能定得太大，因为农村资金互助社属于互助性质，是建立在小范围的血缘和地缘基础之上的。另外，具有一定的覆盖面也是普惠金融的要求。但是，股金数额和社员人数并不是越多越好，规模扩展过大，入股社员的地域范围就难以控制，就会失去信息灵通和地缘、人缘等优势,这样,既增加了因信息不对称造成的贷款风险,又可能背离互助社的初衷,增加管理难度。

4. 声誉因素

资金互助社属于新生事物,发展时间短,注册资本只有10万元(村级)和30万元(镇级),大大低于商业银行和城市商业银行,甚至还远远低于村镇银行和贷款公司。因此农村资金互助社势必要面对更多的质疑。在这种担忧下,农村资金互助社的声誉显得尤为重要。同时声誉让资金互助社更多地被外界关注,增加资金互助社的曝光度,也在一定程度上规避了潜在问题集中爆发的风险。

五年来,益民资金互助社先后被评为"全国同类金融机构第一"、"秀山杯五十佳合作社"、"苍溪县互助资金管理先进集体"、"岳东镇灾后重建、安全生产及应急管理先进集体"等,理事长金继贵荣获"广元市灾后重建工作先进个人"光荣称号。益民营业厅内挂满的锦旗和奖状,给社员打下了"强心针"。

二、外部因素

外部因素主要指资金互助社所处的生态环境,涉及资金互助社与监管机构、其他农村金融机构、农村生产合作社、政策性银行的相互关系。

1. 与监管机构的关系

农村资金互助社按照类型的不同,监管方式也有所不同。表5-9归纳了三类农民资金互助组织在法律主体地位、注册部门、监管部门、业务范围、资金来源等方面相关情况。益民资金互助社作为目前四川地区唯一一家不以扶贫为目的的社区互助性银行业金融机构,属于表5-9第一列显示的情况。

表 5-9　　　　　　　　　　不同类型资金互助社相关情况

类型	社区互助性银行业金融机构	完全扶贫性质的资金互助社	具有扶贫性质，同时又可以开展经营活动的互助社
注册部门	银行业监督管理机构颁发金融许可证，并按工商行政管理部门规定办理注册登记	经民政局登记注册	经民政局登记注册
法律主体	社区互助性银行业金融机构	社会团体	社会团体
监管部门	银行业监督管理机构	业务受县扶贫办和财政局的指导和管理	扶贫开发办（委托仪陇乡村发展协会进行日常业务管理）和工商联
业务范围	向社员发放贷款、结算、购买国债、金融债	向社员发放贷款	向社员发放贷款、没有入会的村民和周边村的村民在会员的担保下，也可以申请贷款
资金来源	以股金、社员存款、社会捐赠资金和向其他银行业金融机构融入资金入股。最低100元，最高3万元。单个社员持股比例不超过该股金总额的10%，必须以货币出资	财政扶贫资金，其中中央财政平均每个试点村补助15万元；村民自愿缴纳的互助金；社会各界以扶贫为宗旨无附加条件的捐赠资金	财政扶贫资金、农户入股资金、互助资金增值转入
贷款主体资格	2009年，银监会和农业部联合印发《关于做好农民专业合作社金融服务工作的意见》明确，将允许符合条件的农村资金互助社按商业原则从银行业金融机构融入资金		在全国人大财经委员会副主任委员吴晓灵倡导和推动的"财政资金撬动金融资金"为特点的银行——资金互助社纵向互联创新试点中，如"农业银行——仪陇县张爷庙村扶贫资金互助社"的业务合作还有待进一步落实，双方贷款协议还未签订，目前正处在报批农总行审批过程中

续表

类型	社区互助性银行业金融机构	完全扶贫性质的资金互助社	具有扶贫性质，同时又可以开展经营活动的互助社
设立条件	乡级注册资本不低于30万元人民币，村级注册资本不低于10万元人民币	在重点贫困村自愿申报基础上，经县（区）财政局和扶贫办调查论证，确定入围村名单；通过培训、公开评选等程序从入围村中筛选出试点村。由镇政府领导，以村两委班子成员为主，组成村发展互助社筹备小组，召开村民动员会，受理入社申请，筹集互助资金，起草《章程》，进行互助社登记注册，开立账户，召开成立大会，选举产生社员代表、理事会成员，讨论并通过《章程》和相关管理制度（具有扶贫性质，同时又可以开展经营活动的互助社进行股金化管理）	
相关政策文件	1. 银监会《关于调整放宽农村地区银行业金融机构准入政策更好支持社会主义新农村建设的若干意见》； 2. 银监会《农村资金互助社管理暂行规定》； 3. 银监会《农村资金互助社示范章程》； 4. 银监会、农业部《关于做好农民专业合作社金融服务工作的意见》	《关于开展贫困村村级发展互助资金工作指导意见》； 国务院扶贫办《关于做好2008年贫困村互助资金试点工作的通知》	

如何防止资金互助社的各种潜在风险？作为监管部门，怎样引导资金互助社与其他金融机构尤其是农信社的竞争，既保证竞争张力的存在，又能保护弱小的资金互助社成长？在处理监管范围和力度上，存在一个度的问题：监管得过于宽松，由于农村资金互助社缺乏专业化的经营管理和风险管理能力，依靠资金管理者的个人道德约束，容易出现操作风险，存在潜在隐患，甚至会重蹈农村基金合会的覆辙；但是过多的干预和过严的监管又会抑制它的发展，甚至逐渐让自下而上内生于农村的资金互助社，变异为自上而下行政主导，造成社员权利被各种外部权力或善意或恶意地侵犯，违背了农村资金互助社"互助"的初衷。

结合益民资金互助社的具体案例来分析，目前互助社不仅仅取得了金融许可证，也获得了工商执照。在益民资金互助社实际运作中，监管部门四川银监局、特别是广元银监分局倾注了很多力量。在益民资金互助社成立前，广元银监分局大力宣传、讲解政策。这也使得益民的成长轨迹不同于2004年成立的百信资金互助社。正如前文分析的，来自银监部门的资源输入，大大减轻了互助社起步遇到的难题，这也保证了益民在短短半年时间内扭亏为盈。

在实际运作中，农村资金互助社的主要风险为信用风险、操作风险，因此设计了不少风险控制手段。首先是制定"四不放"的贷款原则：要求互助社不发放非社员贷款、非涉农贷款、大额贷款和异地贷款。其次是实行开户银行"托管监控"机制。资金互助社并未联入结算系统，只能到所在的镇农村信用社开户，并签署合作备忘录。益民农村资金互助社的库存现金不得超过一定数额，超额部分必须存放在岳东镇农信社。而且，一旦管理层有通过岳东镇农信社将资金调往外地的情况发生，岳东镇农信社必须马上向广元银监分局汇报，监管当局就会迅速询问管理层汇款的理由并据此通知信用社是否满足其要求。在农信社的监管之下，以保障资金的安全，确保社员的安全感。同时，广元银监分局还设计了点对点的计算机程序软件，实行"动态监测"，连接资金互助社与分局，让监管干部每日可以动态掌握互助社每一笔业务开展情况。该系统锁定了2 001名社员的账号和编码，非社员业务计算机不能识别，不能录入。但是目前这套监测软件运行会出现不稳定的情况，而每次维护都需要广元银监分局前往文林场，人力物力时间耗费较大，监测软件的效果有待提高。广元银监分局还通过以会代训、邀请专家授课等方式对互助社工作人员进行业务培训，提高他们为社员提供金融服务的能力。要求益民资金互助社每周要将运营情况通过短信向主管的监管三处的处长进行报告。整体而言，在益民资金互助社的发展初期，监管比较严格。但是从苍溪县到达互助社所在地的山路泥泞坎坷遥远，对于银监的监管来说成本太高。

2. 与政府的关系

农村金融的特殊性，使得其离不开政府的支持，这一方面可以降低资金互助社的筹建成本，另一方面可以降低其运作成本，对农村资金互助社的形成和发展无疑是有利的。政府的支持政策不仅仅表现在资金扶持上，还包括政府出台的法律法规和优惠政策等。在我国，这主要体现为信贷援助、利息补贴支持、税费减免、探索政策性及捐赠性资金的投入。为支持农村资金互助社发展，银监会和央行等部门先后下发了多个文件提出，指出农村资金互助社暂不向人民银行交存存款准备金；其利率下限为人民银行公布的同期同档次贷款基准利率的0.9倍；并对其给予定向费用补贴。在调查中我们发现，更重要的是政府将这样的资金互助社树为典型，扩大了互助社的影响力。

但是政府对于农村资金互助社的管理松紧程度事实上是很难把握的，因为农村资金互助社的合法性是建立在它互助合作的基础之上，其优越性是基于熟人社会的信息和约束机制。因此，复杂的审批程序等传统控制风险的方法不适应于资金互助社。更为重要的是，资金互助社的性质强调的是民主管理，要排斥过多的行政干预。政府的参与应该是"只搭台不唱戏"，否则就很容易让农村资金互助社成为当地政府的盆景金融。近年来农村资金互助社一个潜在的风险，就是地方政府对其期望过高，寄期望于农村资金互助社可以打破农村金融困境，为了政绩鼓励资金互助社扩大规模。

就益民农村资金互助社的具体案例来看，成立时得到了地方政府政策的扶持与激励。开业典礼上广元市副市长何顺洪在致辞中讲"我们要像保护大熊猫一样地保护好我们的益民农村资金互助社"。开业时，县政府、县委成立一个领导小组，将其作为资源调动的平台，研究和明确协调与配合组建工作责任，实际上进行责任分摊。连续五年中央财政定向补贴、扶贫部门的财政贴息资金，用于建立呆账准备金，增强防风险能力。领导小组特别明确提出，岳东镇党委和镇政府不得干预资金互助社的具体事务，同时也明确互助社设立后出现的风险由社员分摊，县、镇政府不承担弥补亏损的责任。

3. 与合作社的关系

资金互助是合作金融的一种形式，隶属于合作经济的范畴。合作经济的载体是各种从事农业生产活动的农村专业合作社。农村合作基金会给我们的惨痛教训是金融机构的发展不能离开实体经济。农村资金互助社要想获得长足的发展，就一定要寻求与实体经济的结合，探索如何支持专业生产合作社，促进资金合作与生产合作的联动。我国农村经济长期以来都是分散化、小规模，造就了农户处于交易弱势的地位。发展生产合作经济是解决这一问题有效的方案，但是资金却是专业化生产合作社的约束"瓶颈"。发展农村资金互助社，可以有效将分散的农户联接起来，以农村资金互助社为纽带，通过资金余缺调节、资金合作产生利益共同体，将分散的农户经济逐步过渡到合作经济上来，从而适应社会化大生产的发展要求。

益民农村资金互助社也抓住了苍溪县新农村建设的机会,金继贵社长介绍说今后 5 年,益民要争取在 2 家猪业专业合作社的基础上,再支持 1 家养鱼、2 家养鸡、2 家猕猴桃专业合作社。在必要时吸纳专业合作社成为资金互助社的社员,予以配套的金融服务。但是益民面对的一个情况是,大批青壮年外出打工,当地的专业生产合作社发展缺乏相应的人力资本。

4. 与当地其他机构的关系

长期以来,农户一直倾向于有国家保证的机构,存款放在有国家隐性担保的银行,农户会觉得比较安心。尤其是调研时有农户提到,金融危机中那么多大银行都被垮掉了,万一有问题,资金互助社这种机构多半都是靠不住的。那个时候政府没有钱拿出来补贴,难道要个人拿出来补贴吗?而且就凭一两个理事监事,也补不齐这个洞。这样的想法也说明,资金互助社在存款,尤其是农户的大额存款上,没有明显的优势。不过益民资金互助社面对的现实情况是文林场上的金融机构空白,所以这样的竞争并不明显。

目前,资金互助社与正规金融的对接很少。因为正规的商业金融机构本来资金成本就比较高。农村资金互助社如果直接从正规金融机构贷款,为了弥补成本就不得不提高利息,这样最后的成本还是会转嫁到农户身上。这样一来农民对于互助社的认同感就会大受影响,既然都是这么高的利率,那还不如到国家的银行去,至少更有保证。有这样想法的农户不在少数,而且这样的想法也无可厚非。并且由于目前政策措施还没有试水,农村资金互助社无法以同业拆借利率获得正规金融机构的贷款。

第六章 小额贷款公司支农绩效评价

第一节 小额贷款公司的发展现状

小额信贷（Microfinance）通常指在一定区域内的特定制度下，按特定目标向贫困人口提供贷款及综合服务的一种信贷方式。它由孟加拉乡村银行（Grameen Bank）于20世纪70年代推出，在取得成功后由国际组织推广。小额信贷与常规金融服务的核心区别在于是否以贫困或中低收入群体为特定客户，并提供适合客户的金融产品服务。国际主流观点认为，小额信贷包括两个层次：第一，为大量低收入、贫困人口提供金融服务；第二，保证机构自身的生存与发展。这两个既联系又矛盾的要素，构成了小额信贷的完整定义，也赋予了其一定的商业化内涵。

为缓解我国长期以来的农户和小微企业贷款难问题，提高农村金融服务水平，2005年底，人民银行、银监会共同启动"商业性小额贷款公司试点"工作，在山西、四川等5个省、自治区，率先成立7家商业性小额贷款公司。2008年5月，银监会、人民银行又联合发布《关于小额贷款公司试点的指导意见》（以下简称《指导意见》），对小额贷款公司的性质、设立条件、资金来源、资金运用等方面作出了明确规定，标志着小额贷款公司试点的全面展开。与正规农村金融机构相比，小额贷款公司具有如下三方面的特点（王睿，

2008)：(1) 主要为低收入群体和微型企业服务。小额贷款公司的目标客户通常无力提供正规金融机构要求的担保与抵押，因而被排斥在正规金融体系外。小额贷款公司在为低收入群体和微型企业提供金融服务方面有良好的补充作用。(2) 贷款灵活，且审批快捷。传统农村金融机构在运作小额信贷时通常遵循固定的"贷前调查、贷中审查、贷后管理"的程序，其结果是：贷款投放速度较慢、手续繁杂、时间长。与之相比，小额贷款公司虽然也参照上述模式，但由于绝大多数贷款都是短期需求性贷款，审批更具灵活性，手续也更加快捷、高效。(3) 具有相对灵活的利率定价机制和较高的利率水平。《指导意见》规定，小额贷款公司按照市场化原则进行经营，贷款利率上限放开，但不得超过司法部门规定的上限，下限为人民银行公布的贷款基准利率的 0.9 倍，具体浮动幅度按照市场原则自主确定。

自 2008 年试点全面推开之后，小额贷款公司开始加速发展，公司的数量、业务量、从业人数均快速增长。具体来看，2009 年末至 2012 年末，公司数量从 1 334 家增长到 6 080 家，从业人员从不到 2 万人发展到 7 万余人，实收资本从不足 900 亿元发展到 5 147 亿元，贷款余额也从不到 1 000 亿元发展到 5 921 亿元，其中全年新增贷款 2 005 亿元。根据中国人民银行相关小额贷款公司的统计数据，我们不难看出，近年来小额贷款公司的经营发展主要呈现如下特点（周剑远，2012）：(1) 贷款增速回落，但仍保持较快增长。从 2009 年 10 月至 2012 年 12 月，小额贷款公司贷款余额同比增速逐步降低，从开始的近乎一年两倍的增速，逐步回落到近期的 60% 多，但由于贷款基数逐渐增大，月度的增量仍然较大。(2) 机构数量和从业人员数增长平稳。近年来全国小额贷款公司的机构总数及从业人数持续稳定增长，说明社会对其的需求增量维持在稳定水平。(3) 受地区经济因素影响，地区集中度显著。截至 2012 年 12 月末，全国小额贷款公司年度新增贷款约七成集中在江浙等八省区。

伴随着小额贷款公司业务的积极开展,其实际运营中也显现出一定的问题。能否有效解决这些问题,关系到小额贷款公司能否起到为"三农"及中小企业服务的作用,更关系到小额贷款公司能否依靠自身业务实现赢利并持续经营。目前小额贷款公司在发展中存在的主要问题有:

1. 资金来源有限。根据《指导意见》规定,小额贷款公司的资金来源主要为股东缴纳的资本金、捐赠资金以及来自不超过两个银行业金融机构的融入资金。同时在法律、法规规定的范围内,小额贷款公司从银行业金融机构获得融入资金的余额不得超过资本净额的50%。这也就是说小额贷款公司只能经营贷款业务,不能经营存款业务。同时按照人民银行再贷款管理办法,小额贷款公司无法获得人民银行再贷款;而在实践中,小额贷款公司的开户银行大都以其不属于正式金融机构为由不愿为其融资。多数学者都反对小额贷款公司这种受限于"只贷不存"的经营模式,小额信贷之父孟加拉乡村银行的默罕穆德·尤努斯也曾经说"'只贷不存'等于锯了小额信贷的一条腿"(肖圆圆,2011)。可见"只贷不存"的经营模式极大地限制了小额贷款公司的融资能力,制约了小额贷款公司的发展。

2. 风险控制有待加强。风险控制能力是影响公司发展的重要因素。目前小额贷款公司主要面临两类风险:一是信用风险。我国农业保险机制还不完善,一旦发生农业灾害,农民无法偿还贷款导致贷款违约的风险较大。二是经营风险。目前常见的经营风险是单笔贷款金额过大,引致风险集中度较高。据调查,目前全国大多数小额贷款公司还没有建立具体、有效的规章制度和实施办法来控制各类风险,薄弱的风险控制意识为其今后的经营发展埋下了隐患。

3. 监管有待明确。目前,对于小额贷款公司的监管法规主要由

《指导意见》及各省市据此制定的具体实施意见和办法构成，法律级次较低，约束力不强。从法律角度来看，适用于金融机构业务的法律法规如《商业银行法》不适用于小额贷款公司。而适用于企业的法律法规例如《公司法》，受小额贷款公司业务特殊性的影响，也难以对其进行有效监管。监管的不明确不利于小额贷款公司的信贷风险防范和稳健经营，对小额贷款公司的发展形成了一定制约。

4. 税收负担过重。在现行政策下，小额贷款公司不仅需承担较重的税收负担，而且很少享受金融业的优惠政策。一方面，小额贷款公司不享受银行业金融机构的税收优惠，必须按照一般服务业的标准纳税，包括全额上交5.6%的营业税，25%的企业所得税和来自"股息、红利所得"的20%的个人所得税，另外还涉及诸如土地使用税、印花税等税种，其总税负率最终高达40%以上。另一方面，小额贷款公司缺少政府财政补贴的支持。目前村镇银行、农村资金互助社等小型金融机构3年内可以享受其贷款余额的2%的财政补助，但小额贷款公司不在补助之列，这在一定程度上制约了它的发展。

第二节　小额贷款公司的支农情况

近年来，随着小额贷款公司的迅猛发展，其在支农服务方面取得一些成绩。这主要体现在如下三个方面：

1. 为民间资金提供了投资渠道。目前我国民间借贷日益活跃，规模逐步提高，但由于其无序流动，处于松散盲目的状态，引致大量资金体外循环，对宏观经济及其调控造成冲击；同时，由于区域、交通等因素限制，民间资本很难形成规模信贷。小额贷款公司的出现很好地弥补了民间借贷的缺陷。一方面，小额贷款公司将分散的民间资金汇集成信贷合力，更加有效地发挥支持地方经济发展的作用。另一方面，小额贷款公司作为私人资本进入金融领域的有益探索，其注册资本全部为实收货币资本，不吸收公众存款，从而合理引导、吸纳民间资本，使其可以在政策范围内进行阳光运作。

2. 拓宽农村金融供给渠道。目前农村金融市场竞争机制的缺失，致使作为农村金融主力军的农村信用社金融产品创新动力不足，农村金融服务边缘化。小额贷款公司的进入拓宽了资金流向农村的渠道，其业务办理机制灵活，手续简便，既能够满足农户和农村中小企业简单、快捷的金融需求，又可以依据客户特点开展个性化信贷服务。因而小额贷款公司的发展有利于解决农村地区金融机构网点覆盖率低、金融供给不足、竞争不充分等长期面临的问题，对促进农村经济发展，增加农民收入，推动新农村建设发挥了重要作用。

3. 促进农村金融市场的竞争。目前为农民提供贷款的机构主要是农村信用社，一社独大的局面不利于资源的优化配置和效率的提高，小额信贷公司的产生在一定程度上增加了农村金融的竞争。适度竞争能活跃农村金融市场，使"三农"真正受益，这主要体现在：竞争有利于形成市场化的贷款利率。在缺乏竞争的金融市场体系内，农信社贷款利率相对较高，而新型金融机构的加入增加了资金供给，农民可选择的金融机构范围也相应扩大。同时信贷供给增加的影响，市场局部高利率受到一定冲击，从而促成了均衡市场利率的形成，降低了农民的贷款使用成本，使农民真正受益。

小额贷款公司在支农服务方面取得上述成效的同时，我们也应看到小额贷款公司在支农服务方面存在的不足：

1. 金融产品有待完善。小额贷款公司成立的目的之一在于为"三农"提供新的融资渠道，发展竞争性的农村金融市场，但由于经验上的欠缺与对于风险的厌恶，目前小额贷款公司经营模式倾向于复制格莱珉银行模式，缺乏创新，同时金融产品简单，贷款上限严格限制，这些在一定程度上影响了自身的发展。

2. 可持续发展能力不强。小额贷款公司只贷不存引致的资金问题在一定程度上制约了农村小额贷款公司的可持续发展。一方面，由于信息不对称，农户的市场信息不足，抗风险能力弱，而农村小额贷款公司很难发挥金融机构的中介作用，为得到贷款的农户提供信息帮助。另一方面，由于大部分小额信贷缺乏有效抵押，风险高于其他传统借贷业务，加之一些农户缺乏法律意识，在小额信贷业务操作过程中，冒名使用"贷款证"后无人还款，造成坏账，严重挫伤了农村小额信贷的积极性，制约了农村小额贷款公司的可持续发展（陈修山，2013）。

3. 目标偏移。综观全国范围内的小额信贷发展，为了追求财务持续性所要求的资金回报率，部分小额信贷机构将资金大量贷放给富裕客户，同时越来越不愿意为最贫困人口提供金融服务，从而目标客户出现偏移——小额信贷转向高端客户，而不满足低端客户的金融需求。另外，在资本流动性越来越强的情况下，商业性小额信贷机构倾向于增大贷款规模，同样导致了目标客户群发生偏移。这正如尤努斯指出的那样，"目前小额信贷发展出现的这种倾向，恰恰是当初小额信贷运动所要致力改变的状况"（何剑伟，2012）。

第三节　小额贷款公司与农村其他金融机构的关系

除小额贷款公司外，在农村金融体系中满足较低层次金融需求且规模较小的金融和非金融机构通常可以分为三类（中国人民银行研究局，2010）：第一类是农村合作金融机构，包括农村商业银行、农村合作银行和农村信用联社。第二类是与小额贷款公司改革几乎同时推出的村镇银行、贷款公司和农村资金互助社,亦可称其为新型农村金融机构。第三类是在农村金融市场中从事公开半公开民间借贷活动的典当行与担保公司,可称其为其他非金融机构。

一、小额贷款公司与农村合作金融机构的互补关系

农村合作金融机构中目前最为活跃的是农村信用社,2003年农信社改革后,一跃成为农村金融体系的正规军和主力军。目前农信社的公司性质为合作制社区性地方金融机构,资金来源包括资本金、吸收存款、再贷款和部分同业拆借。

由于农村金融服务具有天然的高风险性(农业具有自然风险和市场风险高的特性)和高成本性(农业产业化程度低所导致传统农贷小额、分散的特性),出于对民间资本风险的担忧,目前小额贷款公司在企业性质、资金来源、杠杆比率等方面受到的管制还十分严格,同时在税收优惠等方面也远未获得与农信社同等的待遇,因此小额贷款公司能在同一层面与农信社展开竞争。这在客观上促使小额贷款公司去满足那些无法从农信社获得的更低层次金融需求,以形成一种与多层次的农村金融需求相适应的多层次的农村金融供给结构。小额贷款公司与以农村信用社为代表的农村合作金融机构的关系主要体现在互补与合作方面。

二、小额贷款公司与其他新型农村金融机构的竞争关系

2005年以来,部分省市的县及县以下地区开始了小额贷款公司、村镇银行、贷款公司、农村资金互助社四类机构(以下简称"新机构")的积极探索。尽管新机构的设立都是为了"改进和完善农村金融服务,培育竞争性农村金融市场",但是从政策上却体现出

两种改革思路，从而也带来了小额贷款公司与以上新机构的不同竞争。

1. 民间力量的市场竞争。新机构中，小额贷款公司和农村资金互助社之间的竞争即属于这种类型。虽然小额贷款公司与农村资金互助社在政策设计上存在一定差异。如在机构性质方面，小额贷款公司是纯商业性机构，而农村资金互助社属于合作性组织；在贷款发放要求上，小额贷款公司面向三农和小微，而农村资金互助社仅面向社员。但这并没有改变二者的竞争关系，尤其是以农户为特定目标客户时的直接竞争。

2. 民间力量与正规机构的竞争。小额贷款公司与新机构中的村镇银行和贷款公司之间的竞争属于这种类型。值得注意的是，本轮金融改革虽然重视民间资本在农村金融市场重构中的作用，但出于对民间金融风险的警觉和隐忧，仍强调村镇银行和贷款公司等正规金融机构对新机构整体的主导。因而在小额贷款公司与村镇银行和贷款公司的竞争中，小额贷款公司相对处于弱势。

3. 小额贷款公司与其他非金融机构的关系。从设立的初衷而言，除了改进和完善农村金融服务之外，小额贷款公司还承担着吸收民间金融的任务，因此对于农村金融市场中从事公开半公开民间借贷活动的其他非金融机构如典当行与担保公司，小贷公司与之存在着竞争与替代关系（胡国锋，2009）。

典当行与担保公司是2006年之前我国非金融机构的典型，但受制于金融业务全面性的欠缺与政策法规的不完善，一直发展缓慢，且风险相对较高。小额贷款公司的出现，为那些希望进入金融领域的民间资本开辟了一条新的通道，原本要通过设立典当行或担保公司辗转进入金融领域的民间资本终于可以阳光运作。但这其中有一点值得注意，即投入小额贷款公司的民间资本是真的被引导收编，还是仅仅取得了一块牌照，然后在合法外衣的包裹下通过账外经营继续从事没有利率限制、没有税收负担的民间金融活动。

根据理性经济人假设，如果不对小额贷款公司进行严格监管，在目前融资比例受限、税负较重的条件下，小额贷款公司的最优选择就是账外经营。因而从长远来看，民间金融的正规化并不只是给一块牌照的问题，资本逐利的本性本无善恶之分，关键在于政策如何推动引导。唯有小额贷款公司真正实现可持续发展，才会迎来民间金融阳光化的一天。

第四节 小额贷款公司未来的发展方向

在改善农村金融状况和培育竞争市场环境的背景下，小额贷款公司应该选择适合自身的发展路径，逐渐扩大资本回报率和业务规模，以推进自身的可持续发展。结合小额贷款的国际发展经验，我们认为，在小额贷款公司的未来发展中有两种模式值得借鉴：专业贷款零售商和社区银行。

一、专业贷款零售商

专业贷款零售商是指拥有规范的公司治理结构，能够从正规金融机构低利率批发资金，然后投放于实体经济，专营贷款零售业务的有限牌照金融机构，例如美国的贷款零售公司、科威特贷款公司等。从某种意义上来说，我国当前的小额贷款公司就是专业贷款零售商的"雏形"，但要其发展成为市场化运作和商业可持续的专业贷款零售商，还需要在如下机构性质、资金来源和监管主体等方面进行进一步的推进和发展：就机构性质而言，可在法律层面认定小额贷款公司是"只贷不存"的有限牌照的金融机构；在资金来源上，由于专业贷款零售商不吸收公众存款，因此可考虑解除小额贷款公司向正规金融机构融资的限制，放宽融资比例，从而拓宽小额贷款公司的融资渠道。就监管主体而言，可以考虑将小额贷款公司的监管主体由地方政府变更为地方银行监管部门。

二、社区银行

社区银行是指在一定地区的社区范围内按照市场化原则自主设立，独立运营，主要为社区内的农户和中小企业提供综合性金融服务的小型商业银行。我国目前尚未有真正意义上的社区银行，但有少数城市商业银行和农村商业与合作金融组织，形成了"社区银行"的雏形（周迟，2012）。

在未来小额贷款公司改制成为社区银行的过程中，应坚持区别对待、循序渐进的原则。具体而言，首先选择一些位于发达地区且经营状况较好的小额贷款公司进行社区银行改制试点，如浙江、江苏、山东等这些中小企业发达、民间资本较为充沛的地区；试点成功后，再向其他地区全面推广。

同时，在小额贷款公司改制为社区银行的过程中，还应该进一步明确产权主体、市场定位和资金来源与运用等方面的问题。在产权主体上，可以考虑放松"小额贷款公司改制为村镇银行必须有银行业金融机构作为主发起人"的限制，明确其产权主体为民营，成为真正意义上的社区银行。在市场定位上，应始终坚持立足社区，面向"三农"和小企业的原则，为当地居民、中小企业以及农户提供个性化金融服务。在资金来源与运用上，可以考虑将小额贷款公司发展成"可贷可存"的社区银行，但应严格遵循属地原则，即资金主要来源于社区，同时也服务于社区，从而促进小额贷款公司支农服务的提升和当地经济的发展。

第七章　非正规金融支农绩效评价

对于非正规金融的定义,至今还没有统一的界定。世界银行认为,非正规金融是指没有被中央银行监管当局所控制的金融活动,即不在中央银行监管下的金融活动统称为非正规金融。其组织形式包括:自由借贷、私人钱庄、合会等。

第一节　非正规金融的发展现状

我国农村非正规金融主要呈现如下三方面的特点:

第一,农村非正规金融规模庞大。随着政策性银行功能的弱化以及 90 年代以来,国有商业银行大幅度的撤出其农村的营业网点,导致正规金融服务农村经济建设的功能缺失,农村地区的生产生活资金难以通过正规金融得到有效融资。而非正规金融在一定程度上缓解了农村地区资金不足的困境。根据郭沛对中国农村非正规金融规模的估算,就宽口径而言,2002 年,农村非正规金融规模为 2 750 亿元,约占农村信用社农村贷款的 30% (郭沛,2004)。可见,非正规金融的规模庞大,在为农村地区解决融资问题,促进农村经济发展方面发挥了重大作用。

第二,非正规金融活动的发生率较高。与正规金融相比,非正规金融主要是通过地缘、血缘、业缘等获取农户的信息,因此更具有信息和成本方面的优势,减少了事前的信息不对称和事后的道德风险问题,从而使农户更容易通过非正规金融融资。国际农业发展基金(IFAD)的研究报告指出,我国农民来自非正规金融的借贷规模大约为来自正规金融的4倍。陈锡文(2004)也指出,我国2.4亿个农民家庭中,大约只有15%从正规金融机构获得过贷款,85%左右的农民要获得贷款基本上都是通过民间信贷来解决。可以看出,对农户而言,非正规金融已成为比农村信用社等正规金融机构更重要的资金来源。

第三,利率较高且差别较大。贷款者会根据风险的不同对借款者制定不同的利率,通过非正规金融借款通常不需要抵押物,主要是以私人信用作为保证,所以贷款者的风险往往高于正规金融机构,从而利率也较高。在利率的跨度方面,若借款用于婚丧嫁娶、子女上学等,利率一般较低,为2%左右,若用于偿还赌债,则利率可高达10%。

当前我国农村非正规金融的发展主要存在如下两个方面的风险:

第一是法律缺位。虽然非正规金融产生于正规金融的缺位,并且在促进农村经济发展方面也发挥了不可低估的作用,但其并不受法律保护。中国《商业银行法》第十一条明确规定:"未经国务院银行业监督管理机构批准,任何单位和个人不得从事吸收公众存款等商业银行业务。"这使得非正规金融活动困难重重。

第二是与正规金融机构相比,非正规金融机构的流动性风险更为突出。非正规金融活动主要依靠当地的某种社会机制,它并没有像一般商业银行的风险管理系统,它一般不要求借款人有抵押物,也没有呆坏账消化机制,这就加剧了出现逆向选择和道德风险的可能性。一旦出现农户违约,资金链断裂,非正规金融组织的危机不能得到有效缓冲,将造成其系统瘫痪,甚至引发金融风险。

第二节 非正规金融的支农情况

在政策性银行、商业银行不能满足农村地区的金融需求的背景下，非正规金融发挥其优势，填补了农村地区的巨大金融缺口，支农效果显著。这主要体现在如下两方面：

第一，非正规金融通过提高农户信贷可获性来提高农户收入。刘莉亚等（2009）对全国31个省的1 000个自然村的农户入户调查发现，在农户借款中约70%的借款来自非正规金融渠道。并且，据全国农村固定观察点系统调查资料显示，2003年，20 842个样本户中，农户贷款总额为2 947.92万元，其中银行、信用社贷款为769.16万元，仅占贷款总额的26.09%。由此可见，非正规金融的门槛较低，农户更容易获得贷款。从而缓解了农村资金供需不平衡的状况，满足农户的融资需求，有利于建设和谐的新农村。同样有实证研究表明：农村非正规金融的规模越大，越有利于农业总产值的增长；农村非正规金融市场融资的人均规模越大，则农村的人均收入就越高。

第二，非正规金融也促进了农村多种所有制经济的发展。正规金融主要满足城市国有经济的资金需求，剩余的资金对农村的非国有经济的发展来说非常有限。在这种情况下，对农村经济发展发挥重要作用的包括乡镇企业在内的多种所有制经济则主要通过非正规金融获得资金支持。

然而，在相当长的一段时间内，非正规金融并没有得到公正的待遇，政府一再的限制、打击甚至取缔，使非正规金融不得不往"地下"发展，从而隐藏了巨大的社会风险。这也在一定程度上阻碍了农村非正规金融的可持续发展，从而降低了非正规金融的支农效果：

第一，民间自由借贷往往建立在个人信用基础之上，大多数农民缺乏法律知识，在发生借贷关系时并没有签订借贷合同，使借贷关系得不到法律保护。一旦借款人无法偿还贷款，贷款人也无法借助法律途径获得赔偿，往往会发生纠纷，影响社会秩序。

第二，非正规金融的借贷利率一般比正规金融机构高，使得资金借入单位的生产成本上升，竞争力下降，影响农村经济的长远发展。也使资金的分配不合理化，影响正常的金融秩序。

第三，非正规金融的抗风险能力往往较弱，它们的组织比较分散，没有稳定的经营场所，又处于"地下"经营，得不到法律保护，也没有高级人才提供智力支持，使其不能有效地防范风险、化解危机。风险的增加，也加大了国家对其进行监管的难度并且扰乱了国家的宏观调控。

第三节 非正规金融的发展方向

我国农村金融存在着明显的"二元"结构，即正规金融与非正规金融。我国农村正规金融机构包括：农业发展银行、农业银行、农村信用合作社、邮政储蓄银行及新型农村金融机构等。农业发展银行作为政策性银行，近年来，在解决"三农"问题上发挥的作用逐渐减小，其发挥作用的范围也有限。农业银行作为商业银行，一方面要完成政府为促进农村经济发展而制定的目标，另一方面要追求自身利润最大化，也不能很好地解决"三农"问题，从其1998年开始大幅度撤出农村网点就可见一斑。邮政储蓄银行由于人员素质、公司治理等因素，不能很好地服务于农村经济建设。农村信用合作社是农村金融的主力军，但总体来说，正规金融在农村金融体系中发挥的作用非常有限。我们认为，非正规金融机构与农村其他金融机构之间是一种既互补又可以相互替代的关系。

一、非正规金融与农村其他金融机构存在互补关系

非正规金融正是在庞大的资金需求和有限的资金供给的矛盾下应运而生的。它与正规金融存在着互补关系，二者各有其优缺点。如表7-1所示，正规金融与非正规金融存在着较强的互补性，例如正规金融并不能完全了解农户的信息，可能会导致"惜贷"问题，从而不能满足农户的贷款需求。而非正规金融正是建立在借款人对贷款人信息充分了解的基础之上，彼此之间存在信用合作机制，很少存在"惜贷"问题。由此可见，非正规金融可以弥补一些正规金融的缺陷，使农村金融体系更加完善，二者共同促进农村经济的发展。

表7-1　　　　　　　　正规金融与非正规金融的优缺点

正规金融		非正规金融	
优点	缺点	优点	缺点
服务范围更广	距离农村客户遥远	更接近农村客户	服务范围有限
拥有完善的基础设施	系统僵化、手续繁杂	更具灵活性和创新性	缺乏必要的基础设施来服务分散的客户
能进入资本市场	缺乏对当地的了解	了解当地的文化和市场	缺乏进入资本市场的途径
	可能无能力掌握农村客户的信贷风险		

二、非正规金融与农村其他金融机构存在替代关系

非正规金融与农村其他金融机构之间的替代关系体现在非正规

金融对正规金融的挤出效应。获得正规金融机构的贷款需要繁杂的程序，需要必要的抵押物。而非正规金融更加适应当地的文化环境，更加灵活，一些无法在正规金融机构充当抵押物的物品，如农作物、家禽等，可适用于非正规金融，或者农户根本无需抵押，而以一定的声誉机制对自身形成约束，可见，农户更容易通过非正规金融获得贷款。从而非正规金融对正规金融产生挤出效应，在满足农户金融需求方面替代了正规金融。

三、非正规金融未来的发展方向

我们认为，对于非正规金融，既不能简单地取缔也不能任其自由发展，而是要进一步采取相关措施促进其进一步规范和发展。具体而言，我们可以从如下三个方面着手。

1. 非正规金融的合法化

虽然 2004 年至 2006 年中央连续三个一号文件都提出要充分发挥民间金融的作用，但非正规金融在我国并没有得到明确的法律保护，其机构的设立和经营往往无法可依。这也使得非正规金融与正规金融之间不能公平竞争。如果长此以往，农村非正规金融将不能健康有序的发展。所以我国应将农村非正规金融纳入法制轨道，国家相关部门尽快完善《合同法》，为农村非正规金融的发展提供必备的法律环境，创造公平竞争的市场环境。当然，对于非法的地下钱庄等，也要制定相关法律，予以坚决的打击和取缔。

2. 非正规金融的正规化

正规金融拥有完善的基础设施和风险管理系统，但它并不能完全了解农村客户的信息，经营方式也难以适应农村环境。而非正规金融弥补了正规金融的缺陷，它具有信息优势，了解农户的需求，能够减少事前的逆向选择和事后的道德风险问题，但它并不能很好地分散风险，也没有特定的组织机构。因此，可以将非正规金融引导向正规金融的发展轨道，实现二者的优势互补。例如，对于小规模的私人钱庄，可由正规金融机构牵头，改制成为村镇银行或农村资金互助社等。

3. 加强对农村非正规金融的监管

由于非正规金融没有完善的风险管理系统和监管体制，其一旦发生问题，很可能引起很多不良后果。而非正规金融与农户息息相关，一旦崩盘，还会引发一系列社会问题。近年来，也出现了许多非法集资问题。所以，对农村非正规金融的监管可以说是迫在眉睫。

首先，要明确农村非正规金融的监管主体。要将农村非正规金融的监管纳入正规体系，并不能一味地照搬对商业银行的监管制度，可以逐步建立以银监会为主体，以行业自律为辅的监管体制。其次，对于组织形式不同、规模各异的合会、基金会、私人借贷等，实施不同的监管措施。银监会可根据非正规金融的规模、财务状况、风险水平等情况将其划分为不同类别，分别采用不同的监管标准。同时，由于我国幅员辽阔，各地区的经济发展情况不同，农户对资金的需求也各有不同，银监会应因地制宜，对不同地区的非正规金融实施区别监管。最后，银监会可设立监测系统，帮助其了解非正规金融组织的资金来源、运行情况和风险管理情况，以便一旦出现问题，可及时采取措施解决，防止造成剧烈的社会波动。

第八章 农村合作金融机构支农绩效的计量分析[①]

当前为农户提供金融服务的农村金融组织比较多,如农村信用社、农业银行、农业发展银行、村镇银行和小额贷款公司等。但为农户提供金融服务市场份额占比最大的仍然是农村信用社(含农村合作银行),其当之无愧是农户金融服务的主力军。相对而言,农业银行、村镇银行和小额贷款公司由于其市场定位和完全市场化经营的特征,它们在县域经济中更多服务于中小企业、个体工商户等具备能够按照市场行为模式决策的主体。而农业发展银行更多的是着眼于粮油收购贷款和农村基础设施项目及政策性农业项目的贷款。比较而言,在经济欠发达地区,农村合作金融机构的农户信贷服务占据农户从金融机构获得服务农户数的90%以上。而且农村合作金融机构是我国为农户提供金融服务的机构中最为特殊的主体,无论是资本来源、机构性质还是和农户关系以及政府对其影响能力等方面,都与其他农村金融机构有着重大差异。那么,农村合作金融机构已经是成熟市场主体了吗?其商业行为受到哪些因素的影响呢?内部人控制对农村合作金融机构商业绩效目标产生什么样的作用呢?农村合作金融机构还承担着支农的政策任务,这种政策任务影响商业绩效吗?围绕这些问题,本研究以贵州88家农村合作金融机构作为研究样本,应用2002—2007年的面板数据,对其进行了实证

[①] 陈鹏:《中国农户金融的微观行为结构研究》,西南财经大学博士学位论文,2011。

检验。

第一节　引　言

　　2003年农村信用社改革以来，许多学者从不同视角开展了针对农村信用社商业绩效的研讨。曹廷求和段玲玲（2005）从公司治理机制和高管人员特征视角，对农村信用社治理机制和高管特征与农村信用社绩效之间的关系进行了实证研究，发现农村信用社公司治理与经营绩效负相关，高管人员的管理经验及任职年限与农村信用社的绩效正相关，农村信用社规模与绩效正相关。陆磊（2005）认为农村信用社财务状况明显好转，组织形式、分配制度、用工制度等体制变化也已经出现。谢平、徐忠和沈明高（2006）在全国抽取62家农村信用社作为调查样本，通过对农村信用社经营绩效的实际情况和农村信用社管理者主观认识的调查，认为农村信用社改革取得初步绩效。但是，也有学者对农村金融改革成效产生了质疑。张杰、高晓红（2006）认为目前的农村信用社改革是一轮新的中央和地方政府的一场注资博弈，认为"以政府间利益为主线而开展的农信社改革无一例外地将农村金融需求者始终置身事外，从而使每一次改革行动都将注定沦为各方参与者对改革收益的瓜分游戏"。陈鹏、孙涌（2006）以省联社管理模式作为分析对象，进一步阐述了农村信用社改革绩效与管理模式选择之间的密切关系，认为本轮改革仍然具有明显的行政导向特征。

　　部分研究还讨论了农村金融绩效的案例分析。张红宇（2004）和何广文、冯兴元（2004）则分别从不同侧面考察了我国农村金融体系的结构性缺陷和功能性缺陷，实际上也触及了农村金融制度的绩效问题。岳意定等（2005）结合西方对市场效率的研究和我国农村金融的特色，对农村金融市场效率进行了界定，并从宏观效率和微观效率两个层面探讨了影响农村金融市场效率的主要因素。人民银行成都分行课题组（2006）以四川甘孜作为个案，从多角度开展了农村金融改革发展绩效的评估。宋磊、王家传（2007）利用山东省农村信用社改革前后相关数据，对改革绩效进行了实证对比分析，认为改革取得了成效。

上述研究很大程度上丰富了对农村金融改革与发展的认识，但这些研究都存在不足之处：一是农村信用社改革时间较短，机制运行时间很难支持改革效果评估的要求。从2003年8月改革启动，到2006年左右，实际上许多地方农村信用社改革才初步完成法人治理结构架构的制度建设，新的管理模式作用于金融实际层面有一个过程。二是大部分研究重点集中在对农村信用社改革机制设计的评估上，尽管部分研究以开展调查问卷的形式获取了部分评估数据，但是，针对这些评价仍缺乏系统性，更多停留在定性研究层面。三是很少研究把农村信用社发展的制度条件、政策措施与发展绩效结合起来研究，或者是就改革制度而讨论制度设计，或者是就绩效数据讨论改革成效。四是相对而言，批评性的研究较多，而针对建设性的具体思路似乎难以统一。

针对上述研究文献仍存在的不足和现有研究仍没有涉及的问题，结合当前农村金融机构改革已经具有合适的可检验周期，本研究以首批改革试点省份贵州省88个农村合作金融机构作为研究样本，系统地开展了影响农村合作金融机构商业绩效因素的实证研究。期望达到下列目标：一是较为全面地评估农村合作金融机构改革成效，检验农村金融机构是否具备完全市场行为以追求利润最大化目标，并揭示影响当前农村合作金融机构绩效的主要变量。二是研究改革政策调整变动进程对金融机构的影响，论证政策调整的效果。三是当前农村合作金融机构普遍存在内部人控制现象，这种内部人控制对商业绩效和支农实效有何影响？四是系统地论证政策目标和商业目标之间的关系，探索改革政策目标和金融机构商业目标之间的平衡点，并评估农村合作金融机构的支农能力。

第二节 理论分析与研究假设

一、农村金融发展与绩效评价理论

相对于城镇地区较为成熟的金融市场环境而言，农村金融具有特定特点。一是农村金融市场普遍缺乏抵押物。在农村金融市场，由于农户生产工具和生活用具所具有的抵偿价值不大，而且没有一个良好的流通市场，因而，农村金融市场是以信用贷款作为主要信贷方式。二是农户与个体经营者经营活动面临自然风险、市场风险和社会风险等，使得金融机构风险也较高。在城镇社区，个体经营者主要面对的是市场经营风险，而农村金融市场农户同时面临自然风险、经营风险和社会风险等，农户能够承受各种风险的能力非常脆弱。三是非生产性信贷在微型金融市场客户资金需求上占据重大比例。由于个体经营者经济基础薄弱，这就使得信用贷款不能完全保证用在经营性、生产性支出上。四是相对于城市金融而言，农村金融市场的金融服务成本相对较高。

正是由于农村金融存在上述特点，使得农村金融发展路径存在广泛的争议。一种观点认为农村与城市没有本质区别，只需要将服务于城市的现代金融服务体系延伸到农村，即商业金融同样适用于农村地区（汤敏，2007），农村金融改革和发展的重点应该转向组建和发展股份制商业银行（谢平，2001；陆磊和丁俊峰，2006）。另一种观点认为农村与城市具有本质区别,农村不适于发展商业性金融(张杰,2004),这类学者认为正规金融难以提供分散、小规模的农业信用需求(温铁军,2004),认为中国农信社改革必须严格按照合作制原则,发展合作金融(龚方乐,2000;曾康霖,2001;白钦先和秦援晋,2007)。还有一种观点认为,虽然农村与城市有区别,但通过金融创新和政策支持,农村仍然可以发展商业性金融(吴晓灵,2006;陆磊,2007),认为农村信用社不必拘泥于合作制,可以商业化和进行股份化(曾康霖,2001;周小川,2004;吴晓灵,2006;蒋定之,2007)。由于存在农村金融发展模式之争,在如何评价农村金融发展绩效方面也存在广泛的争议,主要评价思路有以下三种:一是农村金融机构商业可持续论;二是满足客户需求论;三是提供低融资成本论。综合看,主要集中在是选择宏观公共部门的政策目标还是以市场主体的商业可持续为目标的路径之争。

国际上也发展了一套评价农村金融机构绩效的评价体系。世界银行农村金融专家 Yaron(1992)提出了农村金融机构业绩评估框架。此框架包括两个基本指标:目标客户覆盖面和农村金融机构持续性。其中目标客户覆盖面是一个混合指标,它可以衡量农村金融机构在多大程度上成功地服务目标客户,以及满足目标客户对金融服务需求的程度。农村信用社可持续性指标,用补贴依赖指数(Subsidy Dependence Index)来衡量,主要用来计算农村金融机构为保证其收益与资本的机会成本相等时所需要的补助金程度。其他应用性较强的评价工具主要有 CAMEL 体系和 PEARLS 体系。CAMEL 体系是美国通用的银行金融机构的业绩评价体系,它在美国单一银行、信用合作社和微型金融领域得到了很好的应用,目标在于保护商业银行、单一银行、信用合作社和微型金融机构的偿付能力和会员存款的安全性。PEARLS 体系是世界信用社理事会(WOCCU)在 2001 年设计的,PEARLS 体系最初被设计为评估资产负债表财务结构的管理工具，用以监控总资产的增长状况，被微型金融机构认为是解决源于货币贬值和无法控制的通货膨胀问题的有效措施。随着PEARLS体系的广泛应用和PEARLS体系的逐渐完善，PEARLS体系逐渐被作为监管微型金融机构的工具。

但是，国际农村金融绩效评价的体系应用于我国存在较大的困难。第一，我国"三农"显著的小农经济背景和特殊的"城乡二元结构"是其他国家很少有的，这就使得我国农村金融在市场发育程度、农村金融体制和农村金融机构面临的市场环境存在显著的差异。第二，我国农村金融正处于改革转型之中，从国有商业银行在农村地区撤离，到农村信用社的脱离农业银行的"行社"分离，再到农村信用社法人治理结构的改革，农村金融在向市场化转型过程之中，现代农村金融体制机制仍没有完全建立。第三，当前农村信用社体制具有行业管理的行政性管理与内部人控制等并存的事实，使得农村信用社机构的利益主体和市场服务的政策目标之间存在混淆。第四，农村信用社在农村地区处于垄断地位、农村金融市场准入制度、退出制度等不完善的现实，使得市场化的绩效分析工具失效。基于上述原因，评价农村金融绩效必须结合当前农村金融发展的实际，通过机构运行数据和地区市场环境数据的实证分析更能客观地认识农村信用社改革发展绩效。

二、农村金融改革与发展绩效目标

目前，国内农村金融的绩效评价的研究主要集中在两个方面：一是从金融经济关系视角审视农村金融对农村经济发展的促进作用。新制度经济学认为，制度是一种生产力，不同制度安排下的经济绩效是不一样的，有效率的制度促进经济增长和发展，无效率的制度抑制甚至阻碍经济增长和发展（卢现祥，2003）。因此，评价农村金融制度是否有效率，根本标准是要看在该制度下，农村金融体系能否有效地动员闲置资金，满足农业生产投资和农村消费的金融需求，实现资源的最优配置，促进农村经济增长。从金融经济关系视角考察农村金融的绩效主要在于宏观层面分析农村金融与经济的关系，涉及农村金融与农村经济的因果关系、农村金融的覆盖率、农村金融市场竞争程度、是否存在金融约束等方面。二是立足于机构主体视角，考察农村金融机构是否具有可持续发展能力和服务农村金融的能力。农村金融理论认为农村金融机构可持续发展是农村金融发展的基础。

事实上，针对农村金融的绩效评价存在不同视角的不同需要。关心公共目标的政府而言，较为看重农村金融发展对农村经济发展的促进作用，农村金融管理部门较为重视农村金融对农村金融市场的覆盖和农村金融市场发育水平等，而监管部门更多从农村金融机构财务可持续能力和风险控制能力，行业管理机构较为重视单个经营机构的经营绩效，进而形成对农村法人金融机构管理团队进行有效考核。总体说来，针对农村金融机构的绩效评价存在两种不同思路：政策目标导向与商业目标导向。2003年开展的农村信用社改革，建立可持续发展的农村金融机构体系成为改革关注的重点，管理部门和监管部门的改革目标在于"花钱买机制"，这种市场化可持续发展的机制某种程度上也涵盖了农村金融机构的商业化目标，但这种内在目标总是在"金融支持'三农'发展"的终极目标之下。目前，农村信用社的股权并没有明显地采取私有化或者民营化，而是继续保持了以农户资格股、投资股等具有合作性质的股权为主体，以外部法人股、内部员工股为辅助的权益结构，而且农村信用社获得了央行专项票据、支农再贷款等政策性强的资金支持，这些都使得农村金融机构常在商业目标利润和政策使命之间摇摆。从农村金融机构主体视角看，尽管农村金融机构的产权主体仍不够明确，存在委托人缺位的问题，但是，从行业管理机构和机构自身发展看，商业利润是其关注的重心，这种意义上机构自身的目标与管理部门目标之间又存在一定的差异，甚至冲突。因此，对农村金融改革绩效的评估需要兼顾商业绩效和政策绩效两个方面。

三、影响农村金融绩效因素与基本假设

本研究借鉴 CAMEL 体系和 PEARL 体系对微型金融机构绩效的评价方法，根据我国当前省联社主导的管理模式，综合考虑农村金融机构财务可持续发展能力和支农的政策效果，主要从以下几个方面分析影响农村信用社发展的因素。

1. 法人治理因素。1999 年 9 月巴塞尔委员会发布的《加强银行机构的公司治理》使得商业银行公司治理问题成为全球理论界、银行界和各国政府共同关注的焦点。许多研究也表明，股权结构与公司价值正相关（Shleifer and Vishny，1986；La Porta et al.，1998；Burkart，Gromb and Panunzi，1997）。"花钱买机制"法人治理结构改革作为近年农村金融机构改革的主要目标，法人治理结构改革的成效很大程度上影响了农村金融机构发展能力。法人治理结构改革的内容主要是明晰产权、建立法人治理组织结构、完善法人治理规章制度等，其中明晰产权后产权结构成为影响法人治理效果的关键因素。根据委托代理理论，基于客观绩效的激励合约是解决代理问题的重要方式（Jensen and Meckling，1976），但是，如果委托代理关系中同时存在代理人的激励问题和集体决策的协调问题，代理人的激励与委托人的决策控制权之间就可能出现冲突，从而影响组织绩效（Van den Steen，2006）。

2. 农村信用社的内部治理。内部治理包括员工对本机构的监督和现行管理体制的体制约束。2003 年的改革，在各地建立了以省联

社作为地方行业管理机构的上层组织，以县级法人联社作为农村信用社绩效目标考核单位的新农村信用社管理体制，本质上是在寻求一种内部治理，以代替农村信用社事实上是外部股权治理的不足。在央行专项票据的考核下，农村信用社在业务规范、制度建设等方面还是取得了长足的进展，特别是过去频繁出现的操作风险大为降低，诸多研究也表明内部员工持股对金融机构商业绩效有正的促进作用（郑红亮，1998）。

3. 金融市场环境。农村金融市场环境从金融风险和金融服务成本两个方面影响着金融机构绩效。农村金融市场风险主要来自信息不对称和逆向选择，而信用体系建设和法治建设等是影响信息不对称和逆向选择的主要因素。此外，作为金融发展的前提和基础，经济增长与金融发展之间的关系无疑不可忽视经济发展对金融绩效的影响。

4. 金融机构特征。金融机构特征主要包括规模状况和成长性等。一般意义而言，能够实现专业化分工的市场经济行为都具有规模经济效应，根据斯密第二定理规模经济又反过来影响专业分工和技术深化，国内部分研究也证明农村信用社存在普遍的规模效应（曹廷求和段玲玲，2005）。此外，根据PEARL体系，微型金融机构在成长性方面的要求甚于大型金融组织，较好的成长性是其发展绩效的重要方面。

5. 政策的激励约束。根据金融约束理论，创造政策租金有利于农村金融机构动员资金和激励机构开展更广泛的金融服务，在激励农村金融机构方面，为农村金融机构创造政策租金主要通过金融管理部门央行政策规定的存贷款利率差和转移支付，例如风险补贴等。不过，同时农村金融机构又面临政策约束，这个约束主要是农村金融机构普遍面临政府对农村金融机构提供更为有效的金融服务，满足更广的"三农"金融需求，目前在农村普遍存在贷款难的背景下，农村金融机构面临的"支农"使命必定压力更大。

6. 经营管理能力与管理特征以及其他人力因素。企业家才能作为市场经济中的一个特殊要素，经营管理者自身能力影响绩效这是确定的。金融作为一个专业性强的技术服务，当前管理者经验是否影响农村信用社绩效呢？经营管理者特征影响绩效来自另一个证据，那就是人力资源，作为直接提供金融服务的前线人员，员工素质显然对金融机构绩效变量存在一定影响。

根据上述绩效因素的讨论，结合农村信用社法人治理结构改革的政策实践过程，本研究重点要检验下面假设：

（1）法人治理结构改革是有效的，那么，农村信用社股权结构和内部治理的制度建设对农村信用社绩效形成正效应。

（2）农村信用环境、农村经济发展水平等与商业绩效目标之间正相关，经济水平发展好的地区、信用环境好的地区农村信用社绩效越高。

（3）金融机构存在规模效应，即规模较大的农村信用社能够有效降低单位金融服务成本的能力将会转化为商业绩效。

（4）正向的政策激励对金融机构的绩效具有促进作用，负向的政策激励对金融机构绩效具有负面影响。

（5）管理者经营和员工素质对农村金融机构绩效具有正效应，管理者经营经验越丰富越能促进机构绩效，员工素质越高越有利于机构市场化目标。

（6）其他反映机构经营绩效的控制变量。这些控制变量既揭示了经营能力，也部分反映了经营绩效，例如：金融服务成本、风险指标等与绩效负相关，而资本充足率、存贷比例等与绩效正相关。

第三节　研究设计

一、研究方法

本研究在设计检验农村金融机构绩效的方法上采用了 Panel Data 模型，本研究基于难以建立众多机构的平衡数据，于是采用了固定效应回归模型，模型定义为：

$$Y_{it} = \alpha_i + \gamma_t + X'_{it}\beta + \varepsilon_{it} \quad i = 1, 2, \cdots, N; t = 1, 2, \cdots, T;$$

其中，Y_{it} 为被回归变量（标量）；α_i 是随机变量，表示对于 N 个个体有 N 个不同的截距项，且其变化与 X_{it} 有关系；γ_t 是随机变量，表示对于 T 个截面（时点）有 T 个不同的截距项，且其变化与 X_{it} 有关系；X_{it} 为 $k \times 1$ 阶回归变量列向量（包括 k 个回归量）；β 为 $k \times 1$ 阶回归系数列向量；ε_{it} 为误差项（标量）满足通常假定（$\varepsilon_{it}/X_{it}, \alpha_i, \gamma_t$）= 0。

由于影响绩效变量的因素较多，在采用面板数据模型进行检验对变系数的估计存在样本不足问题，只能对时期效应进行考察。模型选择的基本思路[①]为：

假设 $H_1 : \beta_1 = \beta_2 = \cdots = \beta_N$

假设 $H_2 : \alpha_1 = \alpha_2 = \cdots = \alpha_N$

$\quad\quad\quad\;\; \beta_1 = \beta_2 = \cdots = \beta_N$

如果接受假设 H_2，则可以认为样本数据符合混合数据模型（Pooled Model）；如果接受假设则进一步检验 H_1，如果接受 H_1，则认为样本数据符合变截距固定效应模型；否则，为变截距且变系数模型。

---

① Cheng Hsiao, Analysis of Panel Data, Cambridge University Press, Second Edition, 2003.

H_1 和 H_2 假设的检验统计量为 F 统计量，F_2 统计量定义为

$$F_2 = \frac{(SSE_3 - SSE_1)/(T-1) \times (k+1)}{SSE_1/(NT - T(k+1))} \sim F_{((T-1)(K+1), NT-T(K-1))}$$

其中：SSE_r 表示施加约束条件后估计模型的残差平方和，SSE_u 表示未施加约束条件的估计模型的残差平方和，N 表示样本截面个数，T 表示时期数，k 表示未加约束的模型中被估参数的个数。

若拒绝 H_2，则需进一步检验，F_1 定义为

$$F_1 = \frac{(SSE_2 - SSE_1)/(T-1)k}{SSE_1/(NT - T(k+1))} \sim F_{((T-1)K, NT-T(K-1))}$$

二、变量选取与模型设定

针对上述假设，本研究选择进行检验的指标变量如表 8-1 所示。在公司治理绩效理论中，通常采用总资产利润率（ROA）作为衡量指标。基于农村金融机构的特殊性质，本研究还选取了政策部门和农村金融机构共同关注的可持续发展指数[①]（SRI）作为绩效指标。此外，公共部门和社会公众衡量农村金融发展绩效最直观的绩效指标是农村金融贷款覆盖率[②]（FCR），作为本研究关注支农实效的政策绩效变量。

表 8-1　　　　贵州农村信用社绩效评价检验变量指标体系

	因素类别	变量名称及简写	变量描述	预期效应
因变量	商业绩效	总资产利润率（ROA）	年度总利润/总资产	
	商业绩效	可持续发展率（SRI）	营业收入/（营业费用+其他营业支出）	
	政策绩效	贷款覆盖率（FCR）	辖内获得贷款农户数/农户总数	

---

① 在 2008 年中国人民银行公开发布的《中国农村金融服务报告》采用了这一指数作为衡量农村金融绩效的指标。

② 贷款覆盖率一直是金融管理部门和学术界衡量农村金融发展水平的重要指标（何广文，2007；中国人民银行研究局农村金融服务课题组，2008；韩俊，2008）。

续表

因素类别		变量名称及简写	变量描述	预期效应
解释变量	外部治理	法人股占比（RSR）	法人股金额/总股本金额	正
	内部治理	员工持股比率（SSR）	员工持股金额/总股本金额	正
		业务规范指数（BNI）	营业外支出/营业外收入	负
	政策变量	存贷款利息差率（IMR）	年度贷款利息率－年度存款利息率	正
		贷款覆盖率（FCR）	辖内获得贷款农户数/农户总数	待定
控制变量	机构特征	年末贷款余额（LLNS）	年末贷款余额（万元）的对数	正
		年度贷款增长率（GR）	（年末贷款余额－年初贷款余额）/年初贷款余额	不定
	经营环境	农村信用户比率（FCI）	辖内农村信用户数/农户总数	正
		农民人均纯收入对数（LFNI）	年度农民人均纯收入的对数	正
	经营管理及人力资源	不良贷款率（NLR）	专向票据口径四级不良贷款分类	负
		资本充足率（CSR）	专向票据口径的贷款分类	正
		存贷比率（LDR）	年末贷款余额/年末存款余额	正
		成本率合计（CR）	资金成本率+非资金成本率+风险成本率	负
		管理者高管年限（ETM）	—	正
		大专以上员工占比（RR）	大专以上员工人数/总员工人数	正

　　理论上的公司治理主要指股权治理和公司管理机构董事会和经理层结构等，结合农村金融机构治理结构现状，本研究把农村金融机构法人治理分为外部治理和内部治理。外部治理主要是指改革过程中部分农村金融机构通过增资扩股吸纳地方中小企业参股的行为。而内部治理在形式上分为理事会（董事会）、监事会、职工委员会"三会"的法人治理体系建设，同时还涵盖了以省联社管理体制为中心地方管理体制的治理行为，因此，农村信用社的内部治理十分复杂，很难由某单一变量揭示这种治理行为。本研究选择了三个变量作为代理变量，法人持股与投资持股比例、职工持股比例和业务规范指数。法人持股主要是县域地区地方中小企业对本地农村金融机构的投资持股，而纯粹的投资持股还包括个体工商及农户等自愿投资持股，在当前农村金融体制下，法人持股和投资持股具有相似的

性质。职工持股是本轮机构改革一个显著的特点，目标是加强农村信用社内部员工对管理层的监督和激励内部人的积极性，部分落实农村金融机构的产权主体，从而改善农村金融机构长期缺乏效率的现实。内部治理还包括建立省联社为中心的地方行业管理体制对县级法人联社主体的业务规范和制度约束。改革前，农村金融机构内部控制人通常通过增加营业外支出等形式增加职务消费等，改革后，在省联社模式下，统一内部管理制度的行为必定在财务上反映出来，而更规范的行为和内部紧约束使得营业外支出与营业外收入等会计科目更审慎。

由于本轮改革是在大力度的政策激励和约束下推动的，因此，本研究把政策激励和约束也作为重点考察的解释变量之中。在政策激励方面主要包括央行专项票据和利率政策，由于专项票据是一次性核定和兑付的，而且很多同等规模的机构都获得了几乎相等金额的专项票据，因此，很难计量估量其持续影响。不过，农村利率自由化政策却是一个很好的政策激励变量，2004年农村利率从基准利率扩大到2.3倍基准利率之后，机构具有了很大的定价自主权。该变量以平均贷款利率减去平均成本作为存贷利差成为政策激励的解释变量。在政策约束方面，机构主要是面临公共管理部门对"支农"政策要求的压力，于是，农户贷款覆盖率是很好的检验指标。

在其他控制变量方面，规模效应对应于年末贷款余额;[①] 信用环境变量对应于农户信用户比率以及对金融影响较大的经济发展水平对于农户人均纯收入等都是研究中常用的主要衡量指标。

由于本研究考核的绩效变量及其影响因素众多，因此，存在模型优化问题：（1）首先采用 Pooled Model 对影响农村金融机构 ROA、SRI 和 FCR 等绩效指标因素模型进行估计。基本方法是逐步回归法，

[①] 曹廷求和段玲玲（2005）等研究表明农村金融机构存在显著的规模效应。

主要控制变量逐步进入模型,对变量的检验统计量显著且有利于降低模型设定误差的变量保留在模型内部,然后,分别进入解释变量,考察模型参数变动,选取最优化模型。(2)考虑改革有一个深入进展的过程,本研究采用时点固定效应回归模型(Time Fixed Effects Regression Model),选定模型的方法同时考虑了变量的显著性对模型设定偏差的贡献两个方面得到最终优化模型。(3)应用工具变量(IV),采用两阶段最小二乘法($TSLS$)对政府公共部门关注的农村贷款覆盖率政策绩效指标是否对农村金融机构商业绩效进行了检验。

三、数据来源及处理

本研究所采用数据通过贵州省农村信用联社内部系统取得,具有真实性和可靠性。数据样本期为2003—2007年,由于农村信用社改革在近2003年末启动,因此,2003年样本数据可以看作农村信用社改革前基准数据。农民人均纯收入等区域经济指标以《贵州省统计年鉴》数据为准。根据上述研究指标需要,本研究对调查原始数据进行了处理。

第四节 实证结论

一、描述统计分析

由于数据量大,跨越年份较长,个别调查对象部分指标可能存在数据缺失,因此,本研究在实证检验时主要采用 Unbalanc Sample。

数据样本为86家农村金融机构，每个指标观察样本数为（Observations）378个。描述统计分析表明在 Panel data 大样本下，样本数据具有良好的统计分布特征。在样本的偏度和峰度检验统计量中，部分指标不同程度上存在有偏和尖峰胖尾情况，不过都在可容许范围之内，即5%的显著水平满足正态分布。由于进行OLS检验样本必须满足正态分布假设，本研究采用JB检验统计量对样本是否满足正态性进行了检验。

从描述性统计分析可以看出，当前农村信用机构已经具备一定的商业可持续发展能力，农户贷款覆盖率已有所提高。例如：2003年农村信用社总资产利润率从-2.16%上升到了2007年的0.93%；可持续率（SRI）均值从107.0%提升到2007年末的206.9%，几乎提高了一倍。但是，农户贷款覆盖率（FCR）变化不大，从2003年到2007年一直稳定在30.0%左右，2007年均值为31.2%，比2003年提高仅2个百分点。本研究所关注的法人治理结构指标看，农村信用社投资股（含法人股）金额占比（RSR）从2003年的8.18%提高到18.86%，农村金融机构投资性质的股本占比大幅提高；同时，内部员工持股比率（SSR）也从5.57%提高到7.74%。因此，从农村信用社明晰产权改革的视角看，改革本质上使得农村金融机构正在向股份制性质方向演变。

二、改革后影响农村信用社绩效的实证结论

1. 不考虑时期效应的回归结果

采用 Pooled 模型对贵州农村信用社 ROA 的检验结论如下（详见附表）：

（1）农村信用社外部法人治理与改革预期相反，外部投资持股占比越高反而将降低农村信用社商业绩效。这一结论与理论分析和

直观的经验判断相反，既在意料之外，也在情理之中。第一，当前农村金融机构事实上仍属于体制内控制，降低比例的法人持股并不能形成有效的外部治理。而参股农村金融机构的主要地区企业或者地方政府部门的企业，对农村金融机构都有特殊目的，显然这种目标很难是获取农村金融机构的利润分红所能解释的。第二，诸多实证证据表明，当前农村金融机构在县域中小企业上面的风险损失远比在农户和个体工商等市场客户方面产生的信贷损失高。第三，在农村金融机构还没有彻底落实产权于股东或者合作成员的情况下，内部人控制问题仍然突出，是否存在农村金融机构向与农村金融机构高管关系密切的地方企业进行利益输送行为值得关注。

（2）农村信用社内部员工持股对农村信用社商业绩效具有正向激励效应。员工持股对企业经营具有正向激励效应已经是公司治理的基本共识，在农村金融机构股权分散或者社员监督管理不力的背景下，内部员工的持股不仅有利于增长员工自身的企业主人翁精神，同时可能形成一定的内部制衡。

（3）改革对农村信用社内部业务规范和制度建设的治理具有正的效应，但不稳定。这里的不稳定在于模型检验过程中，有些时候显著，有些时候不显著。但整体上看，这符合检验预期，即农村金融机构行业管理内部的制度完善和业务规范促进了农村金融机构有序发展。当然，这里仍然还不能排除本研究在选定这一指标作为代理变量本身存在的问题。

（4）央行利率市场化使得利差扩大的政策对农村信用社商业绩效发挥了显著的激励作用，而且农村信用社的财务绩效较大程度上依赖于存贷利差率。本轮农村金融改革，中央政府对农村金融的激励不仅仅是显性的央行专项票据支持政策，而且存在隐性的政策激励，那就是农村金融市场利率开放。通过对农村金融机构贷款利率的上浮，为农村金融机构创造了较高的租值空间，从2004年贷款利率开始上浮以来，诸多调研证明当前农村金融机构贷款利率实际上已经基本和民间融资机构贷款利率持平。因此，当前农村金融机构普遍取得的所谓盈利能力显然要得益于农村金融市场存贷利差的扩大，在估计农村金融法人治理结构改革的制度成效时一定要充分地估计这一政策变量，切不可高估"机制"完善的结果。

（5）农村信用社利润分红行为对其财务绩效具有正的效应。股东红利与公司价值存在正相关性已经取得学界共识，不过，农村金融机构的利润分红行为可能与上市公司行为存在较大的差异。农村金融机构的分红行为可能与其内部人持股比例的增加存在较大的相关性，当然，这种变相利益输送行为对农村金融机构的经营管理者仍然是一种较为有效的激励。

（6）在影响农村金融机构的控制变量中，农村信用环境、农民人均纯收入、农村金融机构规模等都对农村金融机构财务绩效有正的效应。农村金融机构作为专业化服务的组织，产品结构单一，符合规模经济效应的基本定义，曹廷求（2007）等研究也表明农村金融存在显著的规模效应，本研究也支持这一结论。这一结论使得我们必须反思对农村金融机构的行政体制性的分割政策，把一个机构的经营范围固定在一个县是否符合金融运行规律和降低农村金融服务成本，减轻农户信贷成本，需要进一步审慎思考。金融是经济发展水平的表征，这是金融的起点，因此，经济发展水平促进金融发展在经济增长与金融发展理论研究中已取得相当成果，本研究得到的两者正相关性符合理论预期。

采用 Pooled 模型对管理部门和农村金融机构共同关注的可持续发展能力指标 SIR 的检验结论如下：可持续发展能力与农村金融机构的财务绩效具有很强的相关性，而可持续发展能力指标对影响机构绩效的主要指标回归模型效果更好，拟合优度和检验统计量都更加显著。检验结果显著差异在于：业务规范指数对可持续发展能力有较显著的贡献,这一点证明,内部治理是有效的。

采用 Pooled 模型对管理部门关注的农村贷款覆盖率指标 FCR 的检验结论如下:一是影响政策绩效的因素和作用方向显著不同于农村金融机构的财务绩效目标。这一政策绩效经验显著不同的关键在于:一是财务绩效所关注的变量显然不能充分地反映政策绩效因素,法人股权占比对政策绩效目标具有负向效应。二是规模和机构成长能力对政策绩效目标都有负效应,这说明机构越大越可能降低农村金融覆盖率,这一点符合央行保持农村金融机构县级法人主体地位、反对法人治理体制向上集中的判断。三是机构成长性与政策目标相反说明农村金融机构新增信贷资金的投向正向非农化方向运动。四是信用户农户占比对农村金融政策绩效变量有正的贡献,再一次说明农村信用环境对农村金融发展的影响,也为地方政府发展农村指明了努力方向。

2. 考虑时期效应的检验结果

混合数据模型没有考虑模型是否存在时期效应等,因此,应用 F 检验进一步确认估计模型的一致性和有效性十分必要。表 8-3 至表 8-6 是估计时期效应和基于时期异方差基础上采用时期权重进行调整检验的系列检验结果。表 8-3 表明,应用 F 检验统计量,在采用 Pooled Least Squares 回归模型和采取 Pooled EGLS(Period Weights)回归模型在假设 H_1 和假设 H_2 的约束下,拒绝假设 H_2,接受假设 H_1,表明影响农村金融机构绩效因素模型存在时期截距效应。从检验结果看,农村金融机构的外部股权治理和内部员工持股对总资产利润率都有显著影响,前者为负效应,后者为正效应,同时,内部制度规范治理的代理变量在含权重的检验下显著,有正的效应,与预期负值相反,推断内部规范治理成本可能对财务绩效有显著影响,进而使得这种内部治理反而削弱了盈利能力。这些检验结论与上述采用混合数据模型检验结果保持一致。在其他影响农村金融机构绩效因素上，农村信用环境、机构规模都有正的效应，管理者经验的代理变量从事高管年限对机构商业绩效有正的效应，表明管理者经验对于农村金融机构的稳健经营是有益的。特别值得关注的是机构绩效对存贷利差依赖性较为显著，影响系数值也较大，表明当前农村金融机构绩效很大程度上依赖于农村金融约束政策创造的政策租金，为了确认这一判断，本研究后面还对机构商业绩效与利率政策调整变化的关系进行了进一步检验。

机构可持续能力绩效检验结果表明，机构股权结构对可持续发展能力的影响与对商业绩效的影响保持一致（见表8-4）。主要差别在于：一是内部治理代理变量系数值为负，符合理论预期结果，这表明内部规范治理对于提高机构可持续发展能力是有效的，尽管可能增加机构运行成本。二是规模经济效应对机构可持续能力影响特别明显，表明越大的农村金融机构收益覆盖成本的能力越强。表8-5是公共部门关心的农户贷款覆盖率回归结果，检验结果表明在F检验统计量下，绝对影响农户贷款覆盖率的因素具有时期效应，同时，影响农户贷款覆盖率政策绩效目标的因素主要是金融环境变量、机构规模与能力变量以及机构管理者经验变量。农民人均纯收入对农户贷款覆盖率有显著的正效应，这和经验判断是一致的，农村经济发展才能促进金融发展。值得关注的是机构规模对农户贷款覆盖率有显著的负效应，表明机构信贷规模越大越倾向于降低农户贷款覆盖率。最后，经营管理时间较长的管理者对农户贷款覆盖率更为有利，可能有长期农村金融市场经验的管理者对传统农村金融市场更为重视。

为进一步确认农村利率政策创造的政策租金对机构财务盈利能力的影响，本研究采用存贷款利息差和机构成本控制能力变量在时期效应上进行了估计，表8-6是这一模型的估计结果。F检验统计量在5%显著水平下同时拒绝了假设H_2和假设H_1，表明农村金融机构利息差以及信贷成本变动都具有显著的时间效应,即同时存在变系数和变截距两个方面的影响。检验结果与农村金融利率调整政策的变动趋势完全一致,2004年下半年,农村金融机构贷款利率开始采取有上限的浮动政策,检验结果表明,就存贷利息差一个变量而言,扩大上限的利率浮动政策在2005年开始对农村金融机构财务绩效产生了显著影响,这种影响的趋势在2006年进一步扩大,系数从2005年的0.11提高到0.21,即存贷利息差扩大一个百分点,那么将为金融机构单位总资产利润贡献0.11~0.21元左右,这个贡献比重是非常大的。在检验利息差对绩效影响的基础上,检验进一步估计了能够代表改革使得机构自身能力提高的信贷成本变量(CR?)对机构财务绩效的时期效应。结果表明,机构信贷成本对财务绩效的负效应趋于减小,即机构贷款的单位成本控制对财务绩效影响有较好的贡献,不过,在改革之初这种影响更为明显,从2005年之后趋于稳定。同时,利率政策调整导致农村金融利息差对机构绩效影响的变动趋势和单个变量检验基本一致,当前农村金融机构的财务绩效很大程度上来自于利率政策创造的政策租金。

三、政策绩效目标影响商业绩效吗

在理论和政策争议中,经常会认为农村金融机构商业利润最大化目标与"支农"的政策性使命相冲突,事实会是这样吗?如果理论和农村金融机构的经验认定政策性绩效目标与机构商业化目标是交互(Simultaneity)影响的,那么,关于农村金融机构财务绩效评价的多元回顾模型中的政策绩效变量具有内生性,理论上 ROA 和 FCR 之间存在交互影响。因此,若直接采用 OLS 回归检验,那么,统计检验的估计是不一致的。本研究选取了农民人均纯收入的对数作为政策绩效目标的工具变量。由前面的实证检验表明,农民人均纯收入对数对农村金融机构商业绩效没有显著影响，基本可以认定这一指标与农村金融机构的 ROA 不存在显著相关性。但是，这一变量对农村贷款覆盖率存在显著贡献，表明两者之间是相关的，符合作为工具标量的要求。

表 8-7 是两阶段最小二乘法检验结果，F 检验统计量表明拟合模型为具有时期截距效应的估计模型。通过工具变量对政策绩效变量的两阶段最小二乘法检验结果显示：政策部门的政策绩效目标对农村金融机构的财务绩效目标产生了显著的影响，效应为负，表明农户贷款覆盖率的政策目标与农村金融机构盈利目标是相冲突的，这充分说明机构商业化可能影响农村金融覆盖面，管理机构要提高政策绩效目标必须有相应的激励政策或者补偿措施。

第五节 研究结论

通过对贵州农村金融机构财务绩效和政策绩效的检验，研究发现：一是 2003 年启动的农村金融机构法人治理结构改革在外部治理方面并没有完全取得预期效果，但是，农村金融机构内部治理机制的完善对于提高农村金融机构可持续发展能力发挥了显著的作用。二是当前农村金融机构的绩效很大程度上依赖于央行农村金融利率开放政策给予政策激励，较大的存贷利差为农村金融机构当前的财务可持续提供了政策租金。三是农村金融机构员工持股和年度分红行为有利于提高农村金融机构的财务绩效，但也表明农村金融机构的改革倾向于形成有利于机构内部人，形成农村金融机构的内部利益群体。四是影响农村金融绩效的控制变量中，农村信用环境、机构规模、成长性等都对农村金融机构财务绩效有正的效应。五是改革使得农村金融的盈利能力、财务可持续能力和农村金融覆盖率都有稳步提高的趋势。六是实证研究表明，农村金融的政策绩效目标与当前农村金融机构的财务绩效目标相冲突，政策部门的农户贷款覆盖率目标倾向于削弱农村金融机构的盈利能力。

  针对实证研究检验结果，本研究审慎提出下列建议：一是继续深化农村信用社法人治理结构改革，强化农村法人治理结构改革的市场导向。二是短期看，由于外部法人治理或者投资持股行为不能有效改善机构绩效，当前农村金融机构职工持股是改善治理的有效选择。三是强化以成本控制为核心的内部管理，通过管理规范增强对农村信用社内部人的约束。四是提高农村金融覆盖率需要针对性地加大政策激励，例如提高一定比例的农村贷款覆盖率给予税收、补贴等方面的优惠政策。五是要研究如何平衡农村金融机构规模效应带来金融服务成本降低与机构规模较大又带来资金运用非农化的矛盾。建议在地区范围内开展多家机构的市场竞争，通过市场范围的扩展和市场竞争带来规模效应以及覆盖率的提高。

表 8-2　贵州农村信用社绩效实证检验结果（Pooled Model）

选用模型及因变量		Pooled Model ROA		Pooled Model ROA		Pooled Model SIR		Pooled Model FCR	
		回归系数	t-统计量	回归系数	t-统计量	回归系数	t-统计量	回归系数	t-统计量
解释变量	C	0.888298***	4.094041	1.012172***	5.223901	78.83004***	5.874677	39.88313***	7.793646
	SSR	0.022349***	3.517494	0.018641***	2.975584	-0.022721	-0.046792	-0.285642*	-1.737627
	RSR	-0.015127**	-2.220084	-0.024387**	-3.513779	-0.924945**	-2.108863		
	BNI	6.53E-05	0.899525	5.76E-05	0.814124	-0.013101**	0.0474		
	NLR	-0.026059***	-6.070720	-0.025227***	-6.072206	-1.290239***	-4.464857	-0.262165**	-2.387596
	IMR	0.001833***	7.840712	0.001657***	7.182226	0.268449**	16.46723		
	CR	-0.120008***	-7.923531	-0.123760***	-8.376723	-2.119648***	-2.255588		
	RR	0.003246**	2.039464						
	PIR	0.001596***	3.085553	0.001748***	3.500192	0.089616***	2.321602		
	ETM	-0.026059***	4.094041	0.0489***	4.844532	0.075742***	7.888099	-0.007939**	-2.507572
控制变量	LLNS							0.077374**	2.407765
	FCI							-0.107468***	-2.154530
	GR								
R^2		0.610658		0.610658		0.703397		0.106958	
调整R^2		0.602812		0.602812		0.697420		0.081943	
D.W		1.485252		1.485252		1.624902		1.357001	
F统计量		77.83349		77.83349		117.6863		4.275712	
F统计量P值		0.000000		0.000000		0.000000		0.000012	

注：*、**、*** 分别表示在t统计量10%、5%和1%的显著水平。

表8-3　考虑时期固定效应的检验模型结果

选用模型及因变量		Pooled Least Squares *ROA*			Pooled EGLS (Period weights) *ROA*		
		回归系数	t-统计量	P-值	回归系数	t-统计量	P-值
	C	0.53340	0.865	0.388	-0.26693	-1.025	0.306
解释变量	SSR	0.02051**	2.032	0.043	0.01617***	3.417	0.001
	RSR	-0.01707*	-1.844	0.066	-0.00161	-0.318	0.751
	BNI				0.00014**	2.097	0.037
控制变量	FCI	0.00280*	1.475	0.105	0.00111	1.339	0.182
	NLR	-0.03156**	-5.105	0.000	-0.01493***	-4.529	0.000
	LLS	0.08654	0.855	0.393	0.06319*	1.630	0.104
	IMR	0.09014*	1.583	0.104	0.13010***	5.639	0.000
	ETM	0.00182	0.131	0.896	0.01857***	3.258	0.001
	CR	-0.09682**	-4.583	0.000	-0.04397***	-3.649	0.000
时期固定效应	2003--C	-1.273723			-1.699120		
	2004--C	0.230996			0.235370		
	2005--C	0.130731			0.209150		
	2006--C	0.374340			0.495816		
	2007--C	0.286137			0.408712		
R^2		0.63247			0.719445		
调整 R^2		0.6199			0.708873		
D.W		1.357			1.471825		
F统计量		50.335			68.05416		
F统计量P值		0.00			0.000000		
F_2		3.55			2.675		
F_1		1.085			-1.072		
$F_{.95}(40, 319)$		1.432			1.432		
$F_{.95}(36, 319)$		1.454			1.454		

表 8-4　农村金融机构可持续发展能力影响因素回归检验结果

选用模型及因变量		Pooled Least Squares SRI			Pooled EGLS (Period weights) SRI		
		回归系数	t-统计量	P-值	回归系数	t-统计量	P-值
	C				98.4858***	5.745	0.000
解释变量	RSR	-2.4991***	-3.919	0.000	-0.0745	-0.497	0.620
	SSR	0.7838	1.075	0.283	0.2019	1.080	0.281
	BNI	-0.0282**	-2.525	0.012	-0.0026	-0.828	0.408
控制变量	CR	-4.9595***	-3.984	0.000	0.2104	0.677	0.499
	NLR	-3.2578***	-8.684	0.000	-0.1108	-1.108	0.269
	LLS	50.7850***	12.169	0.000	13.2756***	3.937	0.000
	IMR	0.7111	0.223	0.824	0.8856**	2.395	0.017
	ETM	2.7969**	2.809	0.005	0.8856**	2.395	0.017
	FCI	0.1179	0.884	0.378	0.0179	0.406	0.685
		Fixed Effects (Period)			Fixed Effects (Period)		
	2003--C				-154.3642		
	2004--C				20.54492		
	2005--C				17.97695		
	2006--C				40.82542		
	2007--C				42.45206		
R^2		0.480028			0.863174		
调整 R^2		0.468143			0.858019		
D.W		1.494735			1.496718		
F 统计量		40.38908			167.4197		
F 统计量 P 值		0.000000			0.000000		
F_2		1.366			21.15		
F_1					0.804		
$F_{.95}(40, 319)$		1.432			1.432		
$F_{.95}(36, 319)$		1.454			1.454		

表 8-5 影响政策绩效目标农户贷款覆盖率的因素检验结果

选用模型及因变量		Pooled Least Squares FCR			Pooled EGLS (Period weights) FCR		
		回归系数	t-统计量	P-值	回归系数	t-统计量	P-值
解释变量	C	26.806	1.835	0.067	23.547	1.593	0.112
	LFNI	9.873**	2.096	0.037	10.948**	2.281	0.023
	NLR	-0.181**	-2.286	0.023	-0.159**	-2.122	0.035
	LLS	-6.990***	-4.407	0.000	-7.099***	-4.215	0.000
	ETM	0.604***	2.749	0.006	0.583**	2.604	0.010
R^2		0.132357			0.074463		
调整 R^2		0.123481			0.064995		
D.W		1.576162			1.571156		
F 统计量		14.91160			7.864403		
F 统计量 P 值		0.000000			0.000004		
F_2		0.883			0.889		
$F_{.95}(25, 371)$		1.536			1.536		

表 8-6 利率政策调整与机构成本控制的时间趋势变化检验结果

选用模型及因变量	Pooled EGLS (Period weights) ROA			Pooled EGLS (Period weights) ROA		
	回归系数	t-统计量	P-值	回归系数	t-统计量	P-值
C	-0.551188	-2.7920	0.0055	0.5923**	2.2460	0.0252
$IMR--2003$	0.3385	1.2779	0.2020	0.2228	0.9217	0.3572
$IMR--2004$	0.1186	1.3424	0.1802	0.0686	0.9811	0.3271
$IMR--2005$	0.1146***	4.0949	0.0001	0.1001***	3.4538	0.0006
$IMR--2006$	0.2196***	4.1721	0.0000	0.1937***	3.6175	0.0003
$IMR--2007$	0.1423***	4.2432	0.0000	0.1381***	4.2371	0.0000
$CR--2003$				-0.2464***	-4.3727	0.0000
$CR--2004$				-0.0805**	-2.2955	0.0222
$CR--2005$				-0.0417*	-1.6905	0.0917
$CR--2006$				-0.0486*	-1.9189	0.0557
$CR--2007$				-0.0467**	-2.4822	0.0135
	Fixed Effects (Period)			Fixed Effects (Period)		
2003--C	-2.502972			-0.197285		
2004--C	0.633122			0.315940		
2005--C	0.576616			-0.116048		
2006--C	0.517868			-0.080503		
2007--C	0.775366			0.081569		
R^2	0.663387			0.690026		
调整 R^2	0.656174			0.679544		
D.W	1.216221			1.241236		
F 统计量	91.96930			65.82823		
F 统计量 P 值	0.000000			0.000000		
F_2	36.20			$F_{.95}(12,414)=1.776$		
F_1	6.304			$F_{.95}(8,414)=1.960$		

表8-7 政策绩效目标对农村金融机构商业绩效的影响检验结果

估计模型		Pooled IV/Two-stage EGLS (Period weights)		
因变量		ROA		
		回归系数	t-统计量	P-值
	C	0.1905	0.9235	0.3564
解释变量	SSR	0.0106*	1.8763	0.0615
	RSR	0.0029	1.1621	0.2460
	BNI	0.0001**	2.0701	0.0392
控制变量	FCI	0.0018*	1.9532	0.0516
	NLR	-0.0159***	-4.4086	0.0000
	IMR	0.1382***	5.6922	0.0000
	ETM	0.0231***	3.6518	0.0003
	CR	-0.0451***	-3.6234	0.0003
	FCR	-0.0077**	-2.0246	0.0437
时期固定效应	2003--C	-1.718933		
	2004--C	0.243481		
	2005--C	0.191299		
	2006--C	0.491837		
	2007--C	0.384420		
IV		c ssr rsr bni fci nlr lls imr etm cr lfni		
R^2		0.697324		
调整 R^2		0.685648		
D.W		1.274090		
IV 秩		55.00000		
F_2	3.512	$F_{.95}(40, 301) = 1.435$		
F_1	-1.108	$F_{.95}(36, 301) = 1.456$		

注：*、**、***分别表示在 t 统计量10%、5%和1%的显著水平下，挂号内为检验统计量的 P 值。

第九章　农户融资需求与行为选择[①]

农村金融改革的核心议题之一是农户融资行为特征分析。理论上对农户融资选择行为进行研究较多，比如拐杖逻辑、融资次序理论等，但是，这些研究主要是理论推断或者个案分析，那么，这些理论判断是否得到广泛的实证数据支持呢？特别是当前农村经济正在发生深刻变化的背景下，农户融资选择行为是否还呈现这些理论推测的特征？农户在自身积累、民间融资、正规金融机构融资等多种途径获得融资来源的比较中，哪些因素影响着农户融资选择行为？同时，农户融资选择是否存在融资次序？本研究应用2007年人民银行委托国家统计局在全国10省区调查获得的2万份调查问卷数据，进行了系统的实证研究。

第一节　引言与文献综述

农户的借贷行为是影响农村金融制度安排的重要内容，脱离农户借贷行为及其影响因素来考察农村金融制度安排，很难使制度安排与农村金融需求实际相契合。为此，国内学者对农户借贷行为都甚为重视，从费孝通的《江村经济》到林毅夫的《农村经济议题》，都把农户借贷行为作为农村经济研究的核心问题之一。理论上，对

[①] 陈鹏，刘锡良：《中国农户融资选择意愿研究》，载《金融研究》，2011（7）。

农户经济行为的不同假设会对农村制度安排产生不同的结果。针对农户经济行为，主要存在三种不同的理论假说，理性小农、道义小农和中国小农"无产化"定义及其不同阶段的综合假说（黄宗智，2002）。"理性小农派"的代表人物 S. Popkin（1979）等认为小农像任何资本主义企业家一样，都是"经济人"，追求利润最大化。而 A. V. Chayanov（1986）、K. Polanyi（1957）和 J. Scott（2001）等"道义小农派"则强调小农为自家生计而生产的特点，坚守的是"安全第一"的原则，具有强烈生存取向的农民宁可选择避免经济灾难，而不会冒险追求平均收益的最大化。20 世纪初，华裔学者黄宗智在华北对农户经济行为进行了调查研究，认为生产力的停滞和人口的迅猛增加使得华北平原上大部分农场面积降至一般农户维持生计的水平之下，小农经济出现了边际报酬递减的"过密化"现象，进而对中国农户行为特征提出了分阶段综合假说。

林毅夫、黄宗智等学者认为，中国农户家庭的特殊性在于，不同于贝克尔在《家庭论》中利用理性人假设所作出的分析，中国的小农家庭具有许多与此不同的特征。首先，中国历史上的小农家庭和现实中大部分农村地区的农户家庭追求的不是资产最大化或者效用最大化，而是温饱无忧，小富即安，也就是与斯科特的道义小农假说有一定一致性。其次，中国的小农户家庭不仅是消费单位，也是生产单位，家庭成员之间既是消费共同体，又是生产共同体，而且这种共同体特征还通过血缘、宗族关系向外扩展，交互性地影响着农户的生产行为和消费行为。最后，中国农村社会具有较为特殊的熟人社会结构，守望相助理念一直对中国农村家庭的影响较大，农户之间互助行为十分普遍，这就使得农村金融中农户互助性借贷行为也十分普遍。而且，当前农户的经济行为日益受到市场化和城镇化快速发展的影响，农村劳动力外出务工正在改变农户的收入来源结构、消费结构以及其生产行为，这就为针对农村家庭的经济研究增添了新的变量。

国内部分学者对农户借贷行为的研究集中在对影响农户借贷需求的因素方面。张军（2000）认为农户在选择金融机构贷款时最关心的是能否借到钱，其次才是借款的成本。农户借款成本不仅包括利率等名义上的财务成本，还包括借贷数量额度、借贷附加条件等隐性成本，隐性成本比财务成本更能影响农户的融资行为（陈天阁等，2005）。韩俊（2007）等利用 Iqbal 模型研究了信贷约束下的农户金融需求行为，发现农户家庭收入、生产经营特征和家庭特征是农户借贷需求行为的决定因素。史清华（2005）研究认为有资金需求的农户通过民间融资是一种不得已而为之的行为，其根本原因在于正规金融部门无法有效满足农户的金融需求。根据徐峰（2001）的调查，农户借贷行为主要发生在个人与个人之间，而不是个人与组织之间，向个人借款的总量远大于向机构借款的总量。金融抑制特征下农村正规金融体系活力不足，由此产生了强烈的民间信贷需求（赵泉民，2003）。针对农户私人借贷中普遍存在的"零利率"现象，Debraj Ray（2002）认为，在抵押品不足的情况下，农户之间关系型信用通常具有相互担保的特征，其交易具有互联性，利息可能在一个相关的交易行为中被掩盖住了，但也有学者认为借款农户支付的成本是人情而非现金利息（刘朝晖和徐丽，2005）。

另一些研究对农户融资选择行为也给予了很大的关注，许多研究表明农户存在融资选择次序。Sarmistha Pal（2002）指出，部分家庭可能会发现非正规贷款比正规贷款更加便宜。林毅夫等（1989）案例研究也表明，非农收入倾向于增加农业的流动资金，同时它对农户的借贷倾向具有明显的替代效应。按照黄宗智"拐杖逻辑"，中国小农经济的收入等式是农业家庭收入加非农佣工收入，后者是前者的拐杖，而这个拐杖对于农户的借贷倾向具有很大影响（张杰，2001）。张杰（2003）从中国农户的特征出发，认为中国农户的融资次序首先是增加非农业收入，其次是亲友信贷和国家信贷支持，最后迫不得已诉求于高利贷。Feder 等（1989）、曹力群（2001）、周天芸和李杰（2005）以及朱喜和李子奈（2006）等人的研究发现，正规金融机构主要发放生产经营性小规模短期贷款，而非正规金融贷款机制比较灵活，通常没有抵押和担保、期限灵活、程序简单，主要是以农户的偿还能力作为放贷依据，因此，农户普遍偏爱非正规金融。李剑阁（2001）也认为，在中国的一些贫困地区，其经济活动所产生的资金流量和经济效益根本无法支撑任何商业性的金融机构的运行，这些地区的农民的资金需求只能靠政策性的金融机构来解决。上述对农户借贷行为的研究主要是从案例研究或者调查的受限样本数据展开，在考察因素上还未能包括 20 世纪 90 年代末和 21 世纪初大量农民外出务工以及当前正兴起新农村建设带来的农村经济产业化发展等新因素。随着市场经济对外出务工农民的影响和农村农业产业化逐步深入，农户是否更为接近理性人假说实施融资选择行为？

最近关于农户借贷行为的考察还进一步采用了实证研究方法。汪三贵（2001）运用 6 类 23 个变量针对中国贫困地区建立了一个比较复杂的信贷需求模型，结果显示女劳动力数量、农户的非农就业经历、没有归还的正规贷款数量和借出钱的数量对于农户借贷的总需求有正向影响，而男劳动力数量、有手艺的劳动力则有反向影响。周小斌等（2004）通过 Tobit 模型对 3 320 个农户的统计数据进行检验，农户生产经营规模、农户经营性现金支出、农户基本生活现金支出、农户文化教育及医疗现金支出等对农户借贷具有正向作用。史清华（2002）的研究表明，家庭收入越高的农户获得的借款数额越大，并且借款量随收入的增加而上升，收入水平较高的农户增长幅度更大。李锐、李超（2007）利用大样本微观数据，运用泊松模型，对农户的借贷行为和偏好进行了分析。研究发现：农户显著地偏好年利率低、担保抵押少、决策时间短、满足程度高和期限灵活的贷款，而对出借者是否具有农业知识抱无所谓态度；农户不会因为倾向其他特征水平而承受高水平的年利率；农户对年利率水平的偏好不是对称的，农户显著地偏好年利率低的贷款，但高水平的年利率对农户的借款偏好并不具有统计上显著的影响。

  上述研究仍存在的不足：一是研究的数据来源主要是以一个地区或者几个地区选择几十户农户的调查数据，数据缺乏对全国农户融资行为的考察。二是研究方法上存在不足。部分研究主要是理论分析进行的推测，虽然也有部分研究依靠调查数据进行了分析，但缺乏对调查数据的逻辑性上的严密考察。尽管也有少数研究应用了实证研究方法，但是在方法上存在一定缺陷，例如利用泊松分布模型参照了研究人员对贷款类型划分的过多主观判断，直接应用农户填写的贷款需求金额与其他农户特征等进行回归分析，可能存在农户夸大自身贷款难度和虚报缺乏财务能力支持的需求额度，难以识别真实有效的信贷需求；进一步说，这些研究在方法上没有充分把农户作为一个融资决策主体，使得这些实证研究存在不同程度的方法上的瑕疵。三是研究的重点集中在发生借贷行为的农户上，而没有包含那些未发生借贷行为的农户，这就使得研究结论难以全面地涵盖农户真实借贷行为。四是影响因素分析集中在农户收入等个体样本特征和农户贷款期限、利率等借贷事件特征，缺乏对农户获得信贷支持的客观条件等特征因素的考察，例如：在一个金融服务空白点的偏远乡镇，民间借贷的形式更可能取代正规信贷途径。五是理论界对农户融资是否存在融资次序行为，及其所反映出的农户行为假说特征有何证据等方面的研究文献还很罕见。

  本部分的贡献主要集中在以下三个方面：一是研究数据的全面性和权威性。本次调查数据利用国家统计局和地方统计部门确定的农村住户调查样本作为调查统计的基础，在全国 10 个省区的 263 个县下辖 2 014 个行政村作为调查区域，共计收集了 2 万份有效调查问卷。二是研究思路上的新颖性。在研究视角选择上，以农户作为融资选择的主体，把农户的借贷渠道选择作为研究的因变量，避免了部分实证研究中将农户主观估计的资金需求金额作为分析对象导致的客观性差的弱点。同时，我们还进一步考察了农户扩大农业生产资金来源中外源融资与内源融资的关系，从而验证我国农户经济决策是遵循理性人利益最大化准则还是基于道义或小富即安的理论假设。三是在实证研究模型上，应用了微观计量经济学统计方法，采用 McFadden's 随机效用最大化模型为基础的多项离散选择（Multinomial Choice）模型和 Stereotype Logit 模型，更接近农户融资选择行为的决策思路。

本章的结构安排如下：第一节是引言与文献综述，分析了当前这一主题研究的局限和本研究拟贡献的要点；第二节是研究设计与模型设定，确立本章的研究思路和研究变量、研究方法选择的基本思路和理论依据；第三节对样本选择与数据处理及数据描述进行了说明；第四节是实证研究过程和检验结果及其理论解释；第五节是研究结论及进一步研究方向。

第二节　研究设计与模型设定

一、研究思路

本研究从两个方面考察农户融资选择意愿行为，即从农户最愿意选择的借款渠道和农户扩大种养殖规模资金来源考察农户融资渠道顺序的选择。在农户最愿意选择的借款渠道方面，调查问卷设计问题为"您最愿意选择的借款渠道是",其融资渠道选项可以分为"亲朋或关系户"、"农村信用社或国有商业银行等正规金融机构"、"合会、资金互助社等民间互助组织借款"、"贷款公司或村镇银行及其他商业性借款渠道"等四个选项,其中,其他商业性借款渠道主要是指农户当地工商户或企业的有息借款。之所以把农户融资渠道选择设定为上述四个选项,主要在于这四个融资渠道具有显著不同的特点。亲朋或关系户主要是无息借款,是基于农村熟人社会所形成的互助性关系网络所产生的借贷行为;农村信用社或国有商业银行属于政府主导型信贷供给,具有正规金融商业信贷与政策金融双重特征;合会或资金互助性组织是真正意义上的合作金融,其组织信贷供给目标既具有农户亲朋或关系户无息借款的互助性质,也具有能够适应现代市场经济的组织特征;而"贷款公司或村镇银行及其他商业性借款渠道"是完全性质的农村商业信贷,这种借款渠道在当前农村金融市场管制还较为严格条件下,具有商业性和高利息信贷特征。

在考察农户融资渠道顺序选择方面,之所以没有直接利用样本农户融资渠道的选择项目,目的在于仅限于考察农业生产性农户对融资选择具有相对独特的特征。在当前农村转型背景下,很大一部分农户通过外出务工已经部分地市民化,不完全属于传统意义上的农户,而基于扩大农业种养殖规模资金需求角度可以把检验思路限定在农业生产类农户的行为特征上,进而可验证当前中国农户是否符合理论分析的中国传统农户谨慎性特征。在融资次序上,本研究把农户扩大种养殖规模的融资次序选择设定为农户自我积累、向商业性金融机构借贷和农户之间互助性借贷三个方面,目的在于考察我国农户是否存在固定的融资选择倾向和农户融资选择行为上是否遵循利益最大化的经济理性假设,进而为我国建立何种农村金融组织实现形式和认识我国农户的经济行为特征提供理论证据。

由于调查问卷对"扩大种养殖规模所需资金主要依靠"主题下的选项分为"农户自我积累"、"亲朋或关系户无息借款"、"农村信用社等正规金融机构"、"贷款公司、村镇银行或其他有息借贷"、"合会、资金互助社等民间互助组织借贷"等五个选项，与本研究设定的融资次序选项存在出入。本研究把"农村信用社等正规金融机构"、"贷款公司、村镇银行或其他有息借贷"数据合并为"商业性金融组织"借贷的数据样本，把"亲朋或关系户无息借款"、"合会、资金互助社等民间互助组织借贷"合并为"农户互助性融资行为"的数据样本。

二、变量设定

影响农户融资选择的因素较多，本研究既充分参考了以往研究文献所考虑的融资决策因素，还进一步结合当前中国农村地区经济社会发展的实际情况，影响融资决策的交易成本、信息对称、交易机会等选取实证研究变量。李锐、李超（2007）把影响农户借贷行为和偏好的因素主要界定为两大类，一是贷款的特征及其水平，例如年利率、贷款期限等；二是农户自身的各种特征，例如土地面积、纯收入等。中国人民银行农户借贷情况问卷调查分析小组（2009）也包括农户家庭特征和经济能力以及借贷决策相关变量等因素。本研究在考虑上述研究文献指标选择的基础上，把影响农户借贷行为的因素划分为农户家庭特征变量、农户家庭经济能力变量和金融环境条件变量。农户家庭特征变量主要考虑了农户家庭人口规模、受教育程度、外出务工人员占比、家庭实际耕种土地面积等。这些家庭特征因素中，与其他研究不同，特别把外出务工人员占比纳入考察范围是考虑到当前中国农户家庭外出务工比较普遍。由于外出务工是一种直接的劳务输出，并不需要更多的投资，将影响家庭现金流构成，进而影响农户融资决策。本研究还把金融环境条件变量作为考察因素，在于当前农村地区正规的农村金融网点分布并不均衡，许多农村乡镇范围内没有正规金融机构，使得农户不得不更多考虑将民间融资作为外源融资的选项。此外，一个家庭距离金融机构网点的远近实际上从交易成本角度也影响农户的借贷行为，远离金融机构网点的农户，获得正规金融融资机会的成本自然较高。还有一个因素是以往研究受到忽略的问题，就是农户金融信息变量，Storey（2003）的"无信心借款人"理论认为，金融机构贷款甄别机制的不健全会向借款人传递有偏差的市场信号，导致借贷者误认为自己肯定不能获得贷款而放弃申贷努力。在融资选择模型中，基于农户融资意愿考察，在农户融资的直接决策参考因素上，本研究只考虑了农户借款最高愿意承受的利息承受水平或者扩大农业生产愿意承担的最高利率，而省却了借贷金额和期限等因素，这些因素需要在实际发生借贷的农户融资选择模型中进一步考察。

  本研究变量的统计数据主要来自两个方面，直接的调查数据和调查数据计算的间接数据。直接的调查数据主要是家庭常住人口、农户平均年龄、农户家庭收入等；间接调查数据主要有家庭外出务工人员占比、农户出售农产品收入占比等（各变量的描述与定义如表9-1所示）。出售农产品现金收入占比是农户出售农产品获得的现金收入除以家庭年度总收入，这一指标不仅仅反映家庭资金现金流的农业生产周期性特征，还能够作为农户非农化程度的测量指标，这一指标的比例越高实际上家庭收入中获得非农化的资金收入就越低。在当前农户收入主要来自于农业生产和外出务工的背景下，这个指标也间接地反映出外出务工收入占比。农户外出务工人数占比与农户出售农产品现金收入占比也具有相近的含义，很大程度上反映了农户的生产生活方式和资金需求情况。

表 9-1　　中国农户融资选择的相关变量定义

变量类别		变量名称	名称缩写	变量描述
因变量		农户融资选择最愿意的借款渠道	Choice	"亲朋或关系户无息借款"为1，"农村信用社或国有商业银行等金融机构"为2，"合会、资金互助社等民间互助组织借款"为3，"贷款公司或村镇银行及其他借款"为4
		扩大种养殖规模资金来源方式	Options	"农户自我积累"为1、"农村信用社、国有商业银行、贷款公司、村镇银行等商业性借贷"为2、"亲戚朋友或村邻、合会、资金互助社等民间互助组织借款"为3
自变量	农户特征	家庭常住人口	Numbfam	调查农户家庭人口总数
		劳动力占比	Labacc	16岁以上劳动力人数占家庭常住人口总人数之比
		劳动力平均年龄	Aaolf	16岁以上劳动力年龄平均值
		劳动力最高受教育程度	Edu.	根据家庭劳动力成员中最高受教育程度测定，文盲赋值0，小学为1，初中为2，高中或中专为3，大专及以上学历为4
		外出务工人数占比	Miacc	外出务工人数占家庭常住人口总人数之比
		实际土地耕种面积	Araland	实际耕种土地面积（亩）
	经济能力	家庭总收入	Lnincom	2006年调查农户的家庭总收入的对数
		出售农产品现金收入占比	Agriincshare	2006年调查农户出售农产品的现金收入占家庭总收入的比例
		储蓄存款	Save	是否有储蓄存款，有赋值为1，没有赋值为0
		最近金融网点距离	Distance	调查农户离最近金融机构的距离（公里）
		私人放贷活动	Privfin	当地是否有民间融资活动，有赋值为1，没有赋值为0
	金融条件	金融信息	Knowledge	是否知道农村信用社开展的农户小额信用贷款，是赋值为1，不赋值为0
		利息承受水平	Interestrate	因生产经营活动需要借款时能接受的利率水平
	地区划分	农户地区	Central	根据调查农户所在省份按照通常的地区经济发展水平划分方法，分为东部、中部、西部
			East	

三、研究方法及模型设定

由于农户融资决策时面临多项潜在选项，因此，研究方法上需要采用多项离散选择模型。多项离散选择模型主要是基于 McFadden's 随机效用最大化模型的应用。McFadden's 随机效用设定为

$$V_{ij} = \mu_{ij} + \varepsilon_{ij}$$
$$\nu_{ijk} = V_{ij} - V_{ik} = \beta_i(\mu_{ij} - \mu_{ik}) + (\varepsilon_{ij} - \varepsilon_{ik})$$

如果第 j 个选择的效用大于其他选择的效用，则决策者会选择 j，即

$$\Pr(j \text{ 被选择}) = \Pr(V_{ij} = \max(V_{i1}, V_{i2}, \cdots V_{ik}))$$
$$= \Pr(\nu_{i1k} \leq 0, \cdots, \nu_{i,j-1,k} \leq 0)$$

由于影响农户融资选择模型的因素中有许多定性的因素，因此，以其误差项服从极值分布作为基础，即本实证研究采用 Logit 多项选择模型。

$$\text{Prob}(Y_i = j) = \frac{e^{\beta_j' x_i}}{\sum_{k=0}^{n} e^{\beta' x_i}}, \quad j = 0,1,2,3,\cdots n$$

为了进一步考察各影响农户融资决策因素的差异，还计算了比较融资选择项各因素的相对风险比（Ratio of Relative Risk）

$$RRR = \frac{\exp[(x_1, x_2, \cdots, x_k + 1)(\beta_1^{(2)}, \beta_2^{(2)}, \cdots, \beta_k^{(2)})']}{\exp[(x_1, x_2, \cdots, x_k)(\beta_1^{(2)}, \beta_2^{(2)}, \cdots, \beta_k^{(2)})']} = \exp(\beta_k^{(2)})$$

针对农户融资选择顺序并不明确各个类别是否存在排序关系，而且农户作为决策主体的选择取决于多个潜变量，于是，本研究采用了 Stereotype Logit 模型。本研究设定共有 3 种选择，定义

$$\eta_k = \theta_k - \phi_k(\beta_1 Numbfam + \beta_2 Lobacc + \beta_3 Aaolf + \beta_4 Edu + \beta_5 Miacc + \beta_6 Araland + \beta_7 Lnincom + \beta_8 Agriinshare + \beta_9 Save + \beta_{10} Distance + \beta_{11} Prifin + \beta_{12} Knowledge + \beta_{13} Interestrate + \beta_{14} East + \beta_{15} Central),$$

$k = 1,2,3$

若设定选择类别 1 作为基础类别，则 $\eta_1 = 0$，其中 ϕ_k 体现了各类别的差异，于是，可检验 $\phi_2 = \phi_3$，同理，通过基础类别的调整，可以检验 $\phi_1 = \phi_3$ 和 $\phi_1 = \phi_2$。

第三节 样本选择与数据描述

一、数据来源及样本选择

数据来源于 2007 年中国人民银行委托国家统计局调查取得的农户调查问卷数据库。本次调查范围为内蒙古、吉林、江苏、安徽、福建、河南、湖南、四川、贵州、宁夏 10 个省份，其中，属于东部地区的有江苏、福建，属于中部地区的有内蒙古、吉林、安徽、河南、湖南，属于西部地区的有四川、贵州、宁夏，调查样本总量为 20 000 个农村住户，每个抽中省（区）各调查 2 000 户。

表 9-2　　　　　调查样本农户分布情况　　　　　单位：户

	总样本	内蒙古	吉林	江苏	安徽	福建	河南	湖南	四川	贵州	宁夏
样本数	20 040	2 000	2 000	2 000	2 000	2 000	2 040	2 000	2 000	2 000	2 000
样本县	26	33	20	34	20	26	40	20	17	32	21
样本村	2 014	200	200	200	200	200	204	200	200	200	210

调查样本在农村住户调查网点上抽选。内蒙古、江苏、安徽、河南、湖南、四川、贵州 7 省（区）样本全部在国家农村住户调查网点上抽取，先将各省国家住户调查村按收入排队，相对应的国家住户调查户作为辅助资料累计编制成抽样框，根据确定的样本量，采取对称等距方法抽出调查村，并将抽中村中的国家住户调查户作

为此次调查的样本户。吉林、福建、宁夏3省（区）由于国家农村住户调查户不足2 000户，先将所有国家住户调查户纳入本次调查，不足部分从地方住户调查网点补齐。将各省地方住户调查村按收入排队，相对应的地方住户调查户作为辅助资料累计编制成抽样框，根据确定的样本量，采取对称等距方法抽出调查村，并将抽中村中的地方住户调查户也作为本次调查的样本户。

调查采用抽样调查方式，由调查员对抽中住户进行入户访问调查。访问对象为住户的户主，如果户主外出，可访问住户中最了解家庭情况的成员。由调查员对抽中住户进行入户访问调查，问卷由样本县统计局调查员负责填写。调查的主要内容有：调查村基本情况、农户基本情况、农户储蓄情况、农户从正规金融机构借款情况及借款意愿、农户从民间借入情况、农户借入资金数量及借款条件、农户资金借出情况。本研究主要利用了调查农户基本情况表、农户借入资金调查表。

二、数据处理

为了增强研究数据的准确性，在开展实证研究前我们对调查数据进行了清洁处理。数据清洁处理的办法主要是通过数据逻辑对调查数据的奇异值进行处理。例如：研究变量是设定比例的数据，通过数据逻辑值设定大于等于零小于等于1；对农户扩大农业生产愿意承受的最高贷款利率数据进行了整理，部分原始数据存在月贷款利率与年贷款利率的差异，统一为年贷款利率，并设定年贷款利率最高不能高于50%，否则，作无效数据处理。本研究所采用的处理软件是Stata11。

三、数据描述

在调查的 20 000 户农户样本中,发生资金借出的农户共有 3 785 户,发生资金借入的有 10 693 户,资金借入渠道主要有亲戚朋友、贷款公司与合会、农村信用社、国有商业银行以及邮政储蓄银行等。调查样本反映出农户最愿意选择的融资渠道仍然是农村信用社等正规金融机构。以"扩大种养殖规模资金来源"有效数据统计,共有 19 969 份有效问卷,其中回答以"自我积累"的 3 865 份,占 19.36%,回答"亲朋或关系户无息借款"的 4 697 份,占 23.52%,回答"农村信用社等正规金融机构"的 10 977 份,占 54.97%,回答"贷款公司、村镇银行或其他有息借贷"的 176 份,占 0.88%,回答"合会、资金互助社等民间互助组织借贷"的 254 份,占 1.28%。

从调查问卷描述统计分析显示,我国农户年龄结构上处于壮年,教育水平普遍处于初中文化水平,很大一部分农民外出务工正推动着农户家庭收入来源从传统农业转向非农业收入。从调查样本数据地区分布看,东部地区占 19.93%,中部地区占 50.14%,西部地区占 29.93%。农户家庭特征方面,调查农户平均每家庭 4 口人,两个半左右的劳动力,15.13% 的人口外出务工,农户家庭平均年龄 40 岁。平均教育水平在初中文化以上,其中,约有 51.55% 的农户家庭的最高劳动力受教育程度为初中文化程度,37.67% 的样本农户家庭受教育程度在高中以上,小学以下受教育程度的占比为 10.79%。每户家庭平均实际耕种土地面积为 11.21 亩,每户农户家庭年收入在 20 000 元左右,其中每年通过出售农业品获得的农养殖传统农业收入占比为 36.40%。

在影响农户借贷的金融网点布局方面,我国农村金融网点主要以设立在乡镇集市为主。在被调查的 2 014 个村中,有 1 210 个村正规金融机构没有在当地设立网点，占比高达 60.1%。农户到达最近的金融机构网点的平均距离为 4.69 公里，平均用时需 20.56 分钟，在当前我国农村 95% 以上村村通有公路的条件下，农户都能较为方便地到达金融网点。在影响农户借贷的金融条件变量方面，有 67.43% 左右的农户了解农村信用社等正规金融机构开展的小额信贷业务，农户在扩大农业生产进行借贷时可承受的借款利率水平为 7.47%。在被调查的农户中，有 53.9% 的农户在正规金融机构有储蓄存款，在储蓄方式的选择上，以生息为目的的定期储蓄存款占比为 34.2%，活期存款比重在 65.8%。同时，我国农村近三分之一的地区有开展有偿借贷的民间融资活动，增加了农户融资选择渠道和弥补了部分地区正规金融供给的不足。

表 9-3　　　　　　中国农户调查数据主要变量描述性统计

Variable	Obs	Mean	Std. Dev.	Min	Max
east	19 969	0.1993	0.3995	0	1
central	19 969	0.5014	0.50001	0	1
numbfam	19 969	4.0130	1.2822	1	12
nubforc	19 951	2.7873	1.0357	1	8
lobacc	19 969	0.7173	0.21008	0	1
miacc	19 969	0.1513	0.19267	0	1
aaolf	19 969	40.064	8.2956	16	80
edu	19 969	2.2884	0.7611	0	4
araland	19 017	11.2075	16.9847	0.02	415
lnincom	19 968	9.7281	0.6048	4.0253	13.4953
agriincshare	19 968	0.36399	0.2857	0	1
distance	19 864	4.6859	5.9136	0.1	100
knowledge	19 969	0.6743	0.4686	0	1
interestrate	18 835	7.468	3.8864	1	50
privfin	19 969	0.3034	0.4597	0	1

第四节 实证检验结果

一、不同融资渠道农户选择行为比较

在农户融资渠道选择上，本研究首先选取农户亲戚朋友无息借贷作为参考基础，考察了影响农户融资渠道选择的主要因素。通过多项选择模型实证分析表明，实际运用的有效样本为17 828份，检验模型 LR chi（45）统计值为1 304.76，Log likelihood 值为－12 340.92，统计模型以零概率接受统计系数为零的原假设，说明检验模型具有一定说明能力。为了进一步验证模型所设定的四种融资渠道事实上对农户融资选择存在影响，本文采用了 Hausman 检验，分别设定选择2、选择3、选择4对模型估计没有影响，检验结果显示选择2和选择3所得的统计检验变量 chi2 值分别为8 060.14和774.43，在1%的统计显著性下显著。但对农户选择小额贷款公司等选择4利用 Hausman 检验模型不满足渐进假设，进一步利用广义Hausman 检验，得到 chi2（23）值为18.54，其检验统计概率为0.1382，即在10%的显著水平下，选择类别4对模型估计没有影响，只有在显著水平扩展到15%水平下才显著。模型检验与现实政策背景十分吻合，2006年小额贷款公司等处于试点政策初期，各地设立新型农村机构数目十分有限，调查样本中农户愿意从贷款公司、村镇银行等新型农村金融组织获取贷款的调查问卷也只有176份。

农户选择各种可能的外源融资渠道的影响因素回归结果如表9－4所示。

1. 表9－4左边选择2栏目数据显示，相对于农户自主开展亲戚

朋友无息借贷而言，选择从农村信用社、国有商业银行等正规金融机构获得资金来源的因素主要可分为积极因素和减弱农户选择动机因素两个方面。积极因素主要有农户实际耕种土地面积、家庭收入、家庭收入中种养殖收入占比、农户金融知识变量、农户与金融机构距离、愿意承受的贷款利率水平。减弱农户选择正规金融机构的影响因素主要有外出务工人员占比、家庭人员平均年龄、当地是否有私人放贷融资活动等。此外，地区虚拟变量表明，东、中部地区比西部地区农户更不愿选择从农村信用社、国有商业银行等正规金融机构获得借贷资金。研究设计所选择的影响因素中，家庭人口规模、劳动力人口占比、家庭人员中受到的最高教育程度三个因素对两种融资选择的差异上影响并不显著。从相对风险系数看，影响最大的正的因素主要是代表农户金融知识信息的变量"农户是否了解小额信用贷款"，而具有负的显著影响的因素是外出务工人员占比和当地是否有私人放贷活动。但是，农户家庭人口规模和劳动力人数占比对农户融资选择行为始终没有影响。

2. 与农户亲戚朋友无息借贷融资选择相对比，表9-4左边选择3栏目数据显示了农户愿意从"合会、资金互助社等民间互助组织借款"的影响因素。实证结果显示，除去模型检验中影响不显著的因素外，对农户愿意选择从"合会、资金互助社等民间互助组织借款"的积极因素主要是当地是否存在民间融资活动、农户距离最近金融机构的距离；负的影响因素主要有家庭成员平均年龄、家庭成员中受到的最高教育程度、家庭实际耕种土地面积、家庭种养殖收入占比、农户愿意承担贷款利率水平以及地区虚拟变量"东部地区"。从相对风险系数看，影响最大的正的因素主要是当地是否有私人放贷活动，而负的因素主要是种养殖收入占比和家庭成员中受到的最高教育程度。

3. 与农户亲戚朋友无息借贷融资选择相对比，表9-4左边选择

4栏目数据显示了农户愿意从"贷款公司或村镇银行及其他有息借款"的影响因素。相对农户愿意从亲戚朋友获得无息借款而言,影响农户从"贷款公司或村镇银行及其他有息借款"的因素主要是负向的,其显著的主要有家庭外出务工人员比例和家庭种养殖收入占比,而当地是否有私人放贷活动和东部地区两个虚拟变量的影响都是正向的,其中,家庭外出务工人员占比对其负向影响最为显著。

4. 为了进一步考察农户融资渠道选择中,影响农户选择"农村信用社、国有商业银行等正规金融机构借款"与"合会、资金互助社等民间互助组织借款"、"贷款公司或村镇银行及其他有息借款"的差异,本研究进一步设定"农村信用社、国有商业银行等正规金融机构借款"作为参考基准。表9-4右边栏目数据实证检验结果显示,家庭人员平均年龄、最高受教育程度、实际耕种土地面积、金融信息、家庭储蓄和愿意承受的利率水平都有负向的影响,当地是否有私人放贷活动和东部地区两个虚拟变量有正的影响。对于"贷款公司或村镇银行及其他有息借款"与基准选择影响的差异因素集中在外出务工人员占比、家庭种养殖收入占比、金融信息、与最近金融机构网点的距离等因素为负向因素,而当地是否有私人放贷活动、中部地区和东部地区等虚拟变量影响为正。

5. 农户选择正规金融机构获得资金支持与通过亲戚朋友无息借款以及通过合会等互助性借款的影响因素存在显著的不同。一是从农户选择正规金融机构借款渠道与亲戚朋友之间借款渠道比较,通过外出务工人员占比、家庭实际耕种土地面积、出售农产品现金收入占比等变量的回归系数看,以耕种土地进行种养殖获得主要收入的农户更倾向于向农村信用社等正规金融机构获得贷款,而外出务工人员占比较高的家庭反而更倾向于亲戚朋友之间周转借款。可能的解释在于:外出务工人员更多在外地务工,劳务经济的特征本身是低成本经济,在资金需求上除了往来路途成本外,较少有直接的资金投入，而务工的工资性收入使得他们的现金相对富余。另外，我国农民工具有流动性强、工作不稳定等特点，也使得他们难以获得打工地金融机构信贷支持，农民工即使有资金需求由于无法实际的担保资产也促使其转向个人之间周转借款予以满足。同时，该结论也证明林毅夫（1989）应用案例分析做出"非农收入倾向于增加农业的流动资金，同时它对农户的借贷倾向具有明显的替代效应"的判断。二是家庭收入较高的农户更倾向于选择正规金融渠道，说明农户随着收入提高日益倾向于按照利益最大为原则进行融资决策，也可能的原因在于家庭收入高的农户在抵押担保和资信能力方面更容易获得金融机构认可，正规金融机构信贷本身具有"嫌贫爱富"的特征，农村商业性金融机构定位的目标客户群体也集中在收入偏高的农户群体，农户获得信贷的增加提高了其外源融资积极性。三是金融信息也影响农户融资渠道选择。从是否了解农村信用社等开展的小额信贷业务作为农户了解金融机构信贷业务所代表的金融信息虚拟变量来看，金融信息变量的回归系数一直显著，农户对金融机构业务越了解，越愿意选择农村信用社等正规金融机构融资渠道。四是农户愿意承受的贷款利率水平。农户愿意承受的贷款利率水平越高，越可能选择正规金融机构，否则，更愿意选择亲戚朋友之间的无息借款或者合会、资金互助社等互助性借款。五是农户家庭储蓄有利于增强农户选择正规金融机构的意愿。农户家庭储蓄一定程度上增强了农户与金融机构业务往来的频率，可能对金融机构业务更为了解，同时，农户储蓄有利于促进提高农户资信能力。六是与直观感觉相反的是，东部地区和中部地区农户更不愿意选择从农村信用社等正规金融机构，距离金融机构较远的西部地区农户反而倾向于选择正规金融机构，此外，有私人放贷活动地区农户也更倾向于不从正规金融机构借款。

表 9-4　　中国农户融资渠道选择影响因素比较实证结果

	Variable	农户融资选择1为基准选项				农户融资选择2为基准选项			
		Coef.	rrr	z	P>|z|	Coef.	rrr	z	P>|z|
选择1	numbfam					0.0098	1.0098	0.66	0.506
	lobacc					-0.0338	0.9667	-0.39	0.695
	miacc					0.2171**	1.2425	2.33	0.020
	aaolf					0.0042*	1.0042	1.93	0.054
	edu.					0.0181	1.0182	0.81	0.418
	araland					-0.0046***	0.9954	-4.32	0.000
	lnincom					-0.1769***	0.8379	-5.78	0.000
	agriincshare					-0.2145***	0.8069	-3.51	0.000
	knowledge					-0.7536***	0.4707	-20.54	0.000
	privfin					0.1465***	1.1578	4.01	0.000
	distance					-0.0100***	0.9901	-3.11	0.002
	save					-0.0925***	0.9117	-2.76	0.006
	interestrate					-0.0088**	0.9912	-2.03	0.042
	central					0.6761***	1.9663	17.74	0.000
	east					0.4058***	1.5006	8.06	0.000
	cons					2.3232***		7.45	0.000
选择2	nubfam	-0.0098	0.9903	-0.66	0.506				
	lobacc	0.0338	1.0344	0.39	0.695				
	miacc	-0.2171**	0.8048	-2.33	0.020				
	aaolf	-0.0042*	0.9958	-1.93	0.054				
	edu.	-0.0181	0.9821	-0.81	0.418				
	araland	0.0046***	1.0047	4.32	0.000				
	lnincom	0.1769***	1.1935	5.78	0.000				
	agriincshare	0.2145***	1.2393	3.51	0.000				
	knowledge	0.7536***	2.1247	20.54	0.000				
	privfin	-0.1465***	0.8637	-4.01	0.000				
	distance	0.0100***	1.0100	3.11	0.002				
	save	0.0925***	1.0969	2.76	0.006				
	interestrate	0.0088**	1.0088	2.03	0.042				
	central	-0.6761***	0.5086	-17.74	0.000				
	east	-0.4058***	0.6664	-8.06	0.000				
	cons	-2.3232***		-7.45	0.000				

续表

		农户融资选择1为基准选项				农户融资选择2为基准选项			
	Variable	Coef.	rrr	z	P>|z|	Coef.	rrr	z	P>|z|
选择3	numbfam	0.0657	1.0679	0.79	0.431	0.0755	1.0782	0.09	0.368
	lobacc	0.2422	1.2740	0.45	0.650	0.2084	1.2316	0.39	0.697
	miacc	0.2476	1.2810	0.50	0.616	0.4647	1.5916	0.94	0.349
	aaolf	-0.0490***	0.9522	-3.30	0.001	-0.0448***	0.9562	-3.01	0.003
	edu.	-0.2668*	0.7658	-1.90	0.058	-0.2488*	0.7797	-1.76	0.078
	araland	-0.1178***	0.8889	-3.59	0.000	-0.1224***	0.8848	-3.73	0.000
	lnincom	0.1490	1.1607	0.80	0.425	-0.0279	0.9725	-0.15	0.882
	agriincshare	-0.6862*	0.5035	-1.64	0.100	-0.9002	0.4063	-2.40	0.320
	knowledge	-0.1529	0.8582	-0.77	0.443	-0.9065***	0.4039	-4.52	0.000
	privfin	1.1495***	3.1567	5.73	0.000	1.2961***	3.6585	6.42	0.000
	distance	0.0330*	1.0336	1.77	0.077	0.0230	1.0233	1.23	0.219
	save	-0.2409	0.7859	-1.18	0.238	-0.3334*	0.7165	-1.63	0.100
	interestrate	-0.0606**	0.9412	-2.06	0.039	-0.0694**	0.9329	-2.36	0.019
	central	-1.1111	0.8949	-0.31	0.756	0.5651	1.7596	1.56	0.118
	east	1.7599***	5.8121	5.45	0.000	2.1658***	8.7213	6.69	0.000
	cons	-3.8484**		-2.10	0.036	-1.5251		-0.83	0.408
选择4	numbfam	-0.0519	0.9494	-0.53	0.594	-0.0421	0.9588	-0.43	0.667
	lobacc	0.1551	1.1677	0.28	0.778	0.1212	1.1289	0.22	0.826
	miacc	-1.4395**	0.2371	-2.27	0.023	-1.2224*	0.2945	-1.93	0.054
	aaolf	-0.0178	0.9824	-1.31	0.191	-0.0136	0.9865	-0.99	0.320
	edu.	-0.1196	0.8873	-0.84	0.401	-0.1015	0.9035	-0.71	0.478
	araland	-0.0050	0.9950	-0.51	0.607	-0.0096	0.9904	-0.99	0.320
	lnincom	-0.0144	0.9857	-0.08	0.940	-0.1913	0.8259	-1.00	0.317
	agriincshare	-0.8089**	0.4453	-2.00	0.045	-1.0234**	0.3594	-2.52	0.012
	knowledge	0.1410	1.1514	0.66	0.512	-0.6126***	2.5398	-2.83	0.005
	privfin	0.7856***	2.1937	3.75	0.000	0.9321***	0.5419	4.43	0.000
	distance	-0.0456	0.9554	-1.57	0.117	-0.0556**	0.9495	-1.91	0.056
	save	0.2409	1.2724	1.12	0.264	0.1484	1.1600	0.69	0.493
	interestrate	0.0083	1.0083	0.29	0.772	-0.0005	0.9995	-0.02	0.986
	central	0.1030	1.1085	0.35	0.730	0.7792***	2.1797	2.61	0.009
	east	0.9291***	2.5322	2.92	0.003	1.3349***	3.7997	4.19	0.000
	cons	-3.6923**		-1.92	0.055	-1.3690		-0.71	0.478

续表

	农户融资选择1为基准选项	农户融资选择2为基准选项
Number of obs	\multicolumn{2}{c}{17 828}
LR chi (45)	\multicolumn{2}{c}{1 304.76}
Prob > chi2	\multicolumn{2}{c}{0.00}
Log likelihood	\multicolumn{2}{c}{-12 340.92}

注：*、**、*** 分别代表1%、5%、10% 水平的显著性。

二、影响农户融资选择因素的边际效应

针对当前农户融资最主要的两个渠道，即农户从亲戚朋友获得无息借款和从农村信用社、国有商业银行等正规金融机构获得贷款，而这两种融资渠道在性质上又存在显著不同的特征，因此，本研究进一步考察了影响两种融资选择因素的边际影响。表9-5是各因素对农户选择亲朋无息借款和正规金融机构贷款的边际影响的实证结果，结果表明，检验模型对正确预测农户从亲朋无息借款和正规金融机构贷款的概率都较高，分别为62.32%和37.09%。影响农户从亲戚朋友获得无息借款的积极因素是外出务工人员占比、家庭劳动力平均年龄、当地是否有私人融资活动和两个地区虚拟变量，削弱农户从亲戚朋友获得无息借款的因素主要是家庭实际耕种土地面积、家庭年度总收入、家庭出售农产品现金收入占比、金融信息、与最近金融机构距离、家庭储蓄和农户愿意承受的利率水平。

而对农户从正规金融机构贷款影响因素实证结果表明，农户从亲戚朋友获得无息借款与从正规金融机构获得贷款具有很强的替代性，影响农户从亲戚朋友获得无息借款积极因素却是减弱农户从正规金融机构获得贷款的影响因素，影响农户从亲戚朋友获得无息借款负向因素却是推动农户从正规金融机构获得贷款的正向因素。这一研究结论对林毅夫（1989）、李剑阁（2001）等对正式金融与非

正式金融不能替代提出了质疑。

在影响农户从亲戚朋友无息借款的因素中，金融信息虚拟变量影响较为显著，边际贡献为 -0.1663，其次，主要有外出务工人员占比、家庭出售农产品现金收入占比和家庭年度总收入等变量，边际贡献分别为 0.0538、-0.0468 和 -0.0410。对影响农户从正规金融机构获得贷款影响因素的实证分析结果显示，金融信息、家庭出售农产品现金收入占比、家庭外出务工人员占比、家庭年度总收入等因素是较为突出的显著因素。农户是否知道农村信用社发放小额信用贷款业务对农户从正规金融机构贷款的边际贡献高达 0.1675，家庭出售农产品现金收入占比正的边际贡献也较高，农户出售农产品现金收入占比每提高 1%，其从正规金融机构获取贷款的意愿将增加 5.17%，另外，家庭总收入高的农户也倾向于选择从正规金融机构获取贷款资金，而外出务工人员占比较高的家庭倾向于减少从正规金融机构获取贷款支持。分地区看，东部地区和中部地区农户都比西部地区农户更倾向于从亲戚朋友处获得借款支持，而不是选择从正规金融机构贷款，产生这种结果可能既与经济相对发达地区农户拥有更多的融资渠道相关，也可能是我国经济相对发达地区农村金融组织体系发展滞后的原因。

表 9-5 各因素对农户选择亲朋无息借款和正规金融机构贷款的边际影响

Variable	亲戚朋友无息借贷			正规金融机构贷款		
	dy/dx	z	P>|z|	dy/dx	z	P>|z|
numbfam	0.0023	0.68	0.496	-0.0022	-0.65	0.514
lobacc	-0.0084	-0.42	0.647	0.0075	0.37	0.709
miacc	0.0538**	2.48	0.013	-0.0485**	-2.24	0.025
aaolf	0.0011**	2.10	0.036	-0.0009*	-1.82	0.069
edu.	0.0048	0.91	0.361	-0.0039	-0.75	0.456
araland	-0.0009***	-3.76	0.000	0.0012***	4.62	0.000
lnincom	-0.0410***	-5.75	0.000	0.0412***	5.79	0.000

续表

Variable	亲戚朋友无息借贷			正规金融机构贷款		
	dy/dx	z	P>|z|	dy/dx	z	P>|z|
agriincshare	-0.0468***	-3.28	0.001	0.0517***	3.63	0.000
Knowledge[#]	-0.1663***	-21.77	0.000	0.1675***	22.00	0.000
Privfin[#]	0.0294***	3.51	0.000	-0.0362***	-4.34	0.000
distance	-0.0022***	-2.95	0.003	0.0024***	3.19	0.001
Save[#]	-0.0218***	-2.79	0.005	0.0213***	2.74	0.006
interestrate	-0.0020**	-1.98	0.048	0.0021**	2.06	0.039
Central[#]	0.1553***	17.78	0.000	-0.1571***	18.05	0.000
East[#]	0.0819***	7.46	0.000	-0.0947***	-8.86	0.000
Pr（choice）	0.62319			0.37094		

注：（#）dy/dx 表示离散亚元变量从0到1的变化；*、**、*** 分别代表1%、5%、10% 水平的显著性。

三、农户内源融资与外源融资的融资次序

农户融资是否存在对不同类型融资渠道有融资选择上的顺序？农户在扩大农业生产时是倾向于通过自身积累来实现生产扩大还是通过外源融资获得资金支持呢？本研究把农户融资总体分为外源融资与内源融资两类，外源融资主要分为基于互助行为的融资和完全商业性质的融资，内源融资主要依赖于农户自身资本积累。基于对我国农户家庭经济行为的假设并不确定，影响农户融资选择取决于多个潜变量，对农户融资选择上是否存在顺序关系也不确定，于是，本研究选择利用 Stereotype Logit 模型进行分析。表9-6 是以农户选择依赖于自身资本积累扩大农业生产为基准的农户融资次序选择行为结果比较。在利用 Stereotype Logit 模型 Wald chi2（15）值为 47.77，Log likelihood 值为 -17 163.72，表明模型具有较强的说明能力。从 ϕ_1、ϕ_2、ϕ_3 值的比较来看，ϕ_1 显著地大于 ϕ_2、ϕ_3 值，其 Chi

（1）的值分别为 12.91、5.45，分别以 0.03% 和 1.95% 的概率拒绝两对 φ 值相等的假设，即农户在扩大农业生产需要更多资金积累时更多倾向于通过自身积累逐步地扩大农业生产规模。因此，农户扩大农业生产获得资金来源的意愿选择中，依赖自身资本积累、获得商业性金融组织贷款和通过农村熟人社会互助性周转三种选择中存在明显的秩序关系，农户在需要资金进行扩大农业生产时，更倾向依赖自身缓慢的资本积累。

表 9-6　　　　　　　　中国农户融资次序选择的实证结果

Variable	Coef.	Std. Err	z	P>|z|
numbfam	-0.0008	0.0058	-0.14	0.892
lobacc	-0.0067	0.0330	-0.20	0.838
miacc	-0.1036***	0.0372	-2.78	0.005
aaolf	-0.0010	0.0008	-1.17	0.241
edu.	0.1687*	0.0091	1.85	0.064
araland	0.0033***	0.0008	4.17	0.000
lnincom	0.0189	0.0119	1.59	0.112
agriincshare	0.7178***	0.0248	2.89	0.004
knowledge	0.2252***	0.0364	6.19	0.000
privfin	-0.0603***	0.0164	-3.67	0.000
distance	0.0043***	0.0016	2.72	0.007
save	0.0133	0.0136	0.98	0.328
interestrate	0.0021	0.0017	1.23	0.219
central	-0.1841***	0.0304	-6.06	0.000
east	-0.1232***	0.0278	-4.44	0.000
/phil_1	0	base outcome		
/phil_2	1			
/phil_3	-1.8842	0.4008	-4.70	0.00
/theta1	0	base outcome		
/theta2	0.4577	0.1274	3.59	0.00
/theta3	0.5288	0.2265	2.33	0.02
Number of obs	18 728			
Wald chi2 (15)	47.77			
Prob > chi2	0.00			
Log likelihood	-17 163.72			

注：*、**、*** 分别代表 1%、5%、10% 水平的显著性。

本研究进一步比较了我国农户在两类外源融资上是否存在融资选择顺序问题，设定农户从农村信用社、国有商业银行、村镇银行等商业性金融组织获得资金支持作为选择参考的基准项，通过 ϕ 值比较的假设检验，两个 ϕ 系数相等的假设所得的 Chi（1）值为 0.04，其 83.6% 的概率接受这一假设，即农户对选择从商业性金融组织和从亲戚朋友或者合会、资金互助社等互助性渠道获得资金支持的比较上不存在显著的差异。检验结果可能说明农户之间无息的借贷行为实际是存在隐性成本，这种成本与从正规金融机构获得信贷资金的显性财务成本存在均衡性。

融资次序选择行为的考察还部分地验证了农户经济行为的基本假设问题。从理性经济人视角出发，各种融资渠道之间只存在成本最小化和收益最大化的识别准则，否则，从道义小农假设角度出发，中国农户经济行为将坚持"安全第一"保守性行为和"小富即安"思维方式。农户融资次序的实证研究表明，当前中国农户在扩大农业生产规模等经济行为中，仍符合"道义小农"假设，即坚守的是"安全第一"的原则，而不会冒险追求平均收益的最大化。同时，实证检验还表明，农户在获得外在信贷支持上，通过农户互助性方式获得资金支持和通过商业性信贷并不存在显著的差异，进一步说，在发展农村金融组织形式上关键不在于选择何种金融实现形式，而在于农户经济行为思维的转变。

第五节 研究结论

影响我国农户进行融资选择决策的因素有哪些？农户在多种融资形式上是否存在融资次序？本章利用中国人民银行 2007 年委托国家统计局在全国 10 省份抽样调查获得的 20 000 万份调查问卷数据对

这一主题展开了实证研究。实证研究结果得出以下结论：一是以种养殖业为主体的农户更加倾向于选择通过农村信用社、国有商业银行等正规金融机构获得信贷支持，而外出务工家庭则相反，这在一定程度上支持了理论上农户非农收入对信贷需求具有较强的替代性判断。二是随着农户家庭收入的增长，农户对正规金融信贷的需求日益强烈，农村经济发展对农村金融市场的开放和农村金融组织体系的健全提出了更高的要求。三是民间农户之间的互助性借贷对正规金融机构的信贷需求具有很强的替代性，而我国东部和中部地区农户比西部地区更倾向于开展民间互助性借贷，结合农户家庭收入越高对正规金融信贷需求越高的结论，部分地说明随着农村地区经济发展，我国农村金融发展体系没能有效地跟进其步伐。四是农户对农村金融机构信贷业务信息的了解是影响农户获得信贷支持的重要变量，因此，加强农村农户金融知识教育十分必要。五是在融资选择顺序上，我国农户倾向于通过自我积累的内源融资来扩大农业生产规模，说明我国现阶段以种养殖为主的农户仍具有"道义小农"假说的保守性行为特征。六是在融资选择上，我国农户不存在显著的差别，而结合上述正规金融机构信贷需求与民间互助性金融需求相互替代的结论，实际上反映出互助金融的隐性财务成本与正规金融机构的显性财务成本之间存在替代均衡，说明发展农村金融何种组织形式并不重要，重要的是要开放农村金融市场和增加农户获得信贷的渠道及机会。

  本章对农户融资选择的研究仍然有一定研究局限，部分问题有待进一步检验。一是由于我们只对农户融资渠道选择意愿进行离散选择检验，其影响因素重要性并不能完全从统计检验系数上作精确的测量。二是还需要进一步结合农户实际融资渠道选择进行对比研究，并需要利用农户实际融资数据进一步对农户融资决策行为进行探讨。

第十章 农村金融未来可能的发展方向：手机银行

第一节 农村金融改革引发的思考

我们从供给与需求两个维度来评价农村金融改革的绩效，发现农村金融机构改革在一定程度上实现了金融机构的商业可持续，但支农服务不够理想，原因何在呢？表面上看引发农村金融问题的原因是缺少抵押品、信用体系不健全等。但这些原因都停留在表面，不是引起农村金融问题的深层次原因。如果不能找到引起农村金融问题的根本原因，一切问题皆无法有效化解，只能停留在表面。

一、农村金融的股权结构

目前在证券、保险和信托业都已经出现私人或私人控制的私营企业作为金融机构实际控制人的状况，目前虽然允许设立民营银行，但只能是有限牌照。监管当局对放开纯粹的民资民营存款类金融机构心存顾虑。改革开放以来，金融业为了支持国民经济发展，曾经数次放松管制，但都以收紧告终。"一放就乱、一收就死"几成顽症。历次金融体系的调整，社会都为之付出了相当高的代价。这是监管当局不敢放开民资进入农村金融市场的心结。

实际上，金融机构是否稳健经营，与是否为国有股东身份没有关系，相反私人股东在农村地区还更具有优势，即信息优势和激励相容优势。从现实出发，在农村地区开放民资民营的小型存款类金融机构，是顺应市场经济规律，重建社会商业信用的基本要求。小型存款类金融机构资本实力较弱，客观上对流动性有着更高的要求。这就决定了其贷款业务主要是服务于商业活动，直接与商业信用相联系。小型民资民营存款类金融机构能否生存取决于其能否物色到优良的客户，是否能够实现以银行信用帮助商业信用。生存的压力是发展的最大动力。小型民资民营存款类金融机构的存在，对于商业信用的普遍建立，具有不可替代的促进作用。发展小型民资民营存款类金融机构是稳定银行体系、减轻风险压力的必由之路。2012年召开的中央经济工作会议也指出，要允许私人资本进入金融业和其他行业，不应该有"天花板"和"玻璃门"，不应该陷入阶级成分论。

二、农村金融的金融分权

伴随着我国城镇化进程的加快，地方金融异军突起，突出表现为：地方金融机构迅速扩张和新型农村金融机构大量涌现，区域金融市场乃至金融中心的形成，各地纷纷成立地方金融管理机构，如金融办加强辖区内金融管理，推动地方金融发展、创新和试验，这些都预示着我国金融发展已出现了中央集权逐步向地方分权演变的趋势。在地方政府为经济增长竞相推动金融发展的同时，也蕴含着较为严重的金融风险，如城商行盲目跨区域扩张经营；温州民间借贷引发的"跑路潮"；地方政府融资平台债台高筑等。我们将上述金融发展和管理地方化的现象概括为金融分权。上述金融分权主要指纵向分权。金融分权还包括横向分权，比如像大型商业银行应该腾出市场给中小金融机构和民营金融机构,让其有发展空间。

三、农村金融的激励相容

这里的激励相容,指银行与内部员工、银行的盈利性目标和政策性目标是否相容?目前服务农村的金融机构,内部制度设计不合理,是否服务农村,对职工收入影响不大。职工反而还有动力把资金贷给城市大户,从而降低风险。这是金融机构内部激励的不相容,同时还存在盈利目标和政策目标的不相容。从根本上说,支农是政策目标,盈利是机构天性,如何在激励相容的前提下,促进利润导向的机构主动为政策目标服务,考验着政策设计的技术水准,从财政资源使用效率上看,直接对机构进行补贴,可能并不是最好的选择。应该在承认机构利润目标前提下,直接对涉农业务进行招标补贴,在提高财政资源使用效率前提下,改善农村金融服务。

四、农村金融的核心问题:信息问题

目前正规金融机构决定提供金融服务时,往往看中贷款者的抵押品、信用状况等显性因素,而这些因素正是我国农村金融所缺乏的,从而导致了我国农村金融难题的存在。我国农村金融的症结何在?我们认为我国农村金融的核心问题是信息问题,信息问题是根本,只要信息充分了,其他问题才能迎刃而解。

根据信息的不同特征,我们把信息分为硬信息和软信息。两类信息在一定程度上可以相互转化,如通过手机银行增加农户的信息记录,农户的软信息就有可能转化为硬信息。同时两类信息还具有一定的关联性,软信息需要硬信息来支撑,如评价某农户信用好坏,这需要一系列的交易记录来支持。除了以上的联系外,两类信息还存在如下区别：一是硬信息容易标准化，一般以数字形式存在，与金融业容易匹配，而软信息一般只可意会不可言传，难以用数字进行表达，也很少对其进行文字记录，更多地"流传于坊间"；二是在信息搜集方式上，硬信息由于是标准化和非人格化的，可以通过信息技术自动提取，而软信息是人格化的，无法自动提取；三是硬信息偏重历史数据，注重过去，而软信息偏重于估计，注重未来；四是硬信息比较规范，一般不含主观判断，因此可以定期产生，软信息主观性较强，具有偶然性，是随机产生的。总之，硬信息更客观和量化，独立于所处语境，在传递过程中不易失真。软信息的主观和定性成分较多，不能脱离所处的语境，在传递过程中易失真。因此，硬信息的搜集者和使用者可以分开，软信息的搜集者和使用者不易分开，一般情况下是同一个人。

我国农村目前还处于小农经济阶段，农户拥有的也主要是软信息，由于软信息的搜集者和使用者一般是同一个人，农户如果去正规金融机构贷款，由于金融机构无法识别软信息和缺少硬信息，金融机构可能就无法定价，或者定价的成本过高，农户就可能无法获得金融服务。如果放开涉农贷款利率，金融机构为了能覆盖风险和成本，可能会定出单一的高价，这使得优质的客户不愿意从正规金融机构贷款，从正规金融机构贷款的都是劣质客户，即经济学上的逆向选择。如果涉农贷款利率不放开，由于金融机构无法识别软信息和缺少硬信息，金融机构不能识别哪些客户是优质客户，而现有的利率水平又不能覆盖其风险和成本，金融机构可能就不会向农户贷款。因此，农村金融的核心问题是信息问题，而手机银行不仅可以降低交易成本，同时能够解决信息不对称问题，可以实现软信息向硬信息的转化。

要化解我国农村金融的信息难题，需要在农村大力推广手机银行。

第二节 国外手机银行的典型模式及特点

手机银行就是指通过手机等移动终端来提供金融服务，包括三层含义：一是指传统银行主导下的手机银行，这是传统银行业务的延伸，在发达国家比较普遍；二是移动运营商主导下的手机银行，这对于金融发展具有革命性意义，信息通信技术不再是辅助作用，可能反客为主，主导未来金融业的发展，同时移动运营商主导的手机银行也能够更好地满足金融包容的需要，因此在欠发达地区比较普遍；三是通过手机等移动终端资金供需双方直接完成的融资活动，如 P2P 融资模式等。手机银行虽然最先在欧洲国家捷克诞生，并在欧美国家得到长足发展。但手机银行的典型模式都在欠发达国家，但提供商可能是发达国家的移动运营商，也可以是当地的移动运营商。同时，在某一国家获得成功后，又开始在其他国家进行推广，对象一般都是没有获得银行服务的人们。

非洲国家手机银行推出之初主要是为了解决穷人的基本金融服务问题，发展到后来，可以通过手机银行为所有人提供不限于基本金融服务的业务。目前，非洲国家手机银行比较典型的有肯尼亚的 M－PESA、赞比亚的 Celpay 和南非的 Wizzit 和 MTN Mobile Money。其中尤为突出的是肯尼亚的 M－PESA，由肯尼亚移动运营商 Safaricom 在 2007 年推出。一开始主要是为了解决穷人汇款的需要，发展到后来可以通过手机完成转账、汇款、取现、话费充值、付账、发工资、偿还贷款等业务。M－PESA 最初只有 52 453 家用户，355 家代理商，至 2011 年 4 月，用户飙升至 14 008 319 家，代理商增加到 27 988 家。目前其已经成为全球接受度最高的手机支付系统，其汇款业务已经超过肯尼亚所有金融机构的总和。正因为此，一些国家复制了肯尼亚的 M－PESA，如坦桑尼亚，其他一些发展中国家也正在考虑复制肯尼亚的 M-PESA，如南非、阿富汗、印度、埃及等。

在欠发达地区，除了以上典型的手机银行外，还有赞比亚 CelPay、柬埔寨 Wing、泰国 BUALANG iBANKING 和巴基斯坦 easypaisa 等手机银行。需要说明的是，赞比亚的 CelPay 不是为了给穷人提供金融服务而推出的，而是用于商人向供应商付款，该手机银行已经在赞比亚和刚果推出，坦桑尼亚也即将推出。但所有手机银行的推出都是为了弥补金融空白，通过其低交易成本为客户提供更好的金融服务。

表 10-1 非洲国家手机银行概览

名称	Celpay	M-PESA	MTN Mobile Money	Wizzit
目标金融空白	否	是	部分是	是
安全性	资金存放在银行	资金存放在银行	需要银行账户	需要银行账户
提现方式	不能提现	代理商	ATM；银行分支机构	ATM；银行分支机构
是否可以转账	是	是	是，任何银行账户	是，任何银行账户
特殊硬件要求	是	否	32k SIM	否

资料来源：The Enabling Environment for Mobile Banking in Africa。

不同国家的手机银行模式也不尽相同，有些国家是银行主导，有些国家是非银行主导，而有些国家又是银行与非银行机构组成的合伙企业来主导。发达国家的手机银行更多地是由银行主导，而像非洲这样的不发达地区，手机银行主要由非银行来主导，这主要是因为非银行机构由于贴近穷人地区，能够更好地弥补金融空白。表 10-2 给出了现实中不同国家的手机银行模式。

表 10-2 手机银行模式

模式	银行发起	合伙企业	非银行主导	非银行发起
谁持有账户或存款	银行	银行	银行	运营商或者其他非银行机构
提现机构	银行	银行	银行或者代理商	运营商或者其他
谁执行支付指令	任何运营商	特定的运营商	特定的运营商	特定的运营商
典型例子	多数手机银行	MTN Mobile Money, Smart	M-PESA, Wizzit	Globe, Celpay

第三节 我国农村手机银行的发展现状

目前,工、农、中、建、交等国有商业银行、全国性的股份制银行都推出了手机银行业务,一部分的城市商业银行和农村商业银行也推出了手机银行业务,而新型农村金融机构和农村合作银行推出手机银行的步伐较慢。已有的手机银行业务更多的是网上银行的手机化,还难以真正满足客户的需要。与手机银行在国外农村地区如火如荼不同,我国的手机银行更多地在城市推广,即使在农村零星推广的手机银行,主要是满足农户汇款和转账等方面的需求,手机银行创新程度还远远不够,手机银行完全由银行来主导,是银行传统业务的延伸,而国外特别是非洲地区已经广泛地运用手机银行来弥补金融空白了,移动运营商通过引入代理商制度,很好地服务了金融空白领域,而我国农村地区推广手机银行"雷声大雨点小",没有实质性的推进,局限了手机银行为农户服务的范围。虽然手机银行方便快捷,但传统银行主导的手机银行,其运营模式跟传统银行差别不大,难以去主动适应市场的需求。因此,我国真正的手机银行业务也是空白。

非洲国家的手机银行创新主要是供给和需求共同驱动型,其中供给方面主要是技术推动,通过供给来引发客户的潜在需求,从而满足和丰富了客户的需求。而国内的手机银行主要源于规避管制,满足领导的意图,属于"拍脑袋型",以政治目标为导向,没有真正意义上的金融创新,大多是模仿国外的一些成功案例,或者直接引进国外的金融创新。把国外成功的手机银行模式直接在城市复制,殊不知现阶段手机银行的优势在农村,而非城市。

既然农村地区推广手机银行有比较优势,为什么传统银行主导下的手机银行发展得如此缓慢呢？这主要源于我国银行业处于垄断地位，依靠传统的存贷利息差就能赚取大量利润，没有动力进行业务创新，另外，我国的商业银行大多数是国有的，其不以利润最大化为目标，主要考虑政治目标，因为国有银行特别是四大国有商业银行有通向监管当局的"旋转门"。要化解这一难题，需要在我国农村建立真正的合作金融机构，大力发展中小金融机构，通过他们来提供手机银行业务，同时允许移动运营商开展与手机银行相关的业务。

第四节 我国农村推行手机银行的可行性

据统计，国外柜台每笔业务交易成本为1.07美元，而手机银行每笔业务交易成本则为0.16美元；国内柜台每笔业务交易成本约为4元，手机银行每笔业务交易成本则只有0.6元。手机银行在方便用户的同时，减少了银行的成本。目前我国农村金融机构网点还远远不能满足日益增长的农村金融服务需求，手机银行必将成为解决农村金融困境的出路。在欠发达地区发展手机银行，需要"可口可乐化"的模式，即设计一个可大规模推广的业务模式，以此实现低成本和高密度的销售，而如果供给者处于绝对垄断地位，则没有动力来构建和推广这种模式。移动运营商则有动力来推行手机银行并实现盈利，实际上小笔交易同时会带来丰厚的利润，就如同通信服务一样，一分分积攒起来同样带来高额的利润。因为手机银行更多地是自助完成，耗费的人工成本很低，手机银行使用越多，越具有规模优势。

手机银行的另一大优势是手机终端的普及，随着人民收入水平的提高，手机普及率也随之提升，发达国家和部分发展中国家的手机普及率已超过100%，发展中国家的平均手机普及率也超过50%，而我国截至2012年10月的手机普及率为80.6%（见表10-3）。

表10-3　　　　　　　　　　手机普及率　　　　　　　　　　单位：%

	2003（Q1）	2008（Q1）	2012（Q1）
非洲	4.75	30.60	50.13
亚洲	13.06	39.08	60.81
东欧	20.50	102.79	134.72
拉丁美洲	19.74	70.40	90.84
中东	17.84	61.91	98.26

资料来源：Wireless Intelligence at www.wirelessintelligence.com。

而由移动运营商来推广手机银行是否可行呢？2011年底，中国人民银行公布了第三批第三方支付牌照名单，中国电信、中国移动和中国联通均榜上有名。其中天翼电子商务有限公司、联通沃易付网络技术有限公司、中移电子商务有限公司作为运营商的子公司获得第三方支付牌照。中国电信和中国联通的第三方牌照业务类型为移动电话支付、固定电话支付、银行卡收单，中国移动为移动电话支付、银行卡收单，有效期均为5年。三大电信运营商第三方支付牌照的获得，为移动运营商推广手机银行提供了一定的政策保障，至少可以先推广手机支付业务，通过手机支付业务来实现手机转账、汇款等功能。我国农村地区的劳务人员大多在城市打工，对汇款有强烈的需求，手机转账汇款有存在的空间。此外，由移动运营商来推广，还有一个得天独厚的优势，即移动运营商已经有很多代理商，而变革性的无网点银行服务，就需要代理商来配合。

由于我国农村金融网点的不发达，加之手机普及率的不断提高，我们农村已经具备了开展手机银行业务的基础条件。目前，农村手机银行业务虽然只是在部分地区推广，但手机银行在我国农村地区全面推行的基本条件已具备，表现在如下几个方面：

一是手机银行的硬件条件已经具备。截至2010年底，中国手机上网用户达 3.03 亿人，农村手机上网用户 8 826 万人，占农村网民总体的 70.7%，较 2009 年提高了 3.4 个百分点。截至 2011 年底，无线移动通信网络加速发展，3G 基站达 81.4 万个，覆盖全国所有县城以及多数乡镇。目前 3G 网络传输速度高达 2M，并且能够在传输信息的过程中进行加密保护。总之，信息通信技术的突飞猛进为农村地区开展手机银行业务创造了良好条件。

二是手机银行由于不需要设立网点，不需要另外的设备与人员等，与其他渠道相比，其交易成本较低。

三是农村金融机构空白的存在，已有的农村金融机构网点不能覆盖广阔的农村地区。从国外的实践经验来看，手机银行也主要是在欠发达国家发展迅速，而在发达国家发展得不理想，这是因为发达国家已有金融体系已经相当发达，手机银行目前只是现有金融体系的补充，人们已经习惯于网上银行和传统分支机构，而在不发达国家成功的原因在于强烈的金融需求。这种情况在我国农村同样存在。

此外，在我国农村推广手机银行，还受到农村收入水平、教育水平和消费习惯等方面的影响。下面我们就上述几个方面来分析手机银行在我国农村推广的可行性。

关于农村收入水平。改革开放以来，我国农村居民收入水平有了大幅提高，从 1978 年的人均纯收入 133.6 元上升到 2009 年的 5 153.2 元，增加了近 38 倍，农民收入水平的上升，为手机银行的推行奠定了坚实的经济基础。另外我们还发现，城乡恩格尔系数从 1978 年到 2009 年都呈下降趋势。一方面，农村居民家庭恩格尔系数的下降，说明农村家庭可支配收入增加，有能力来购买手机和对金融服务的需求，另一方面，城镇居民恩格尔系数的下降，为农村手机银行的推行创造了良好的外部环境。

关于农村教育水平。我们知道使用手机银行还是需要一定的文化水平。自 2006 年我国实行新义务教育法以来，农村不识字或识字很少率大幅降低，从 1985 年的 27.9% 降至 2009 年的 5.9%，中专程度、大专及大专以上程度比重虽有所增加，毕竟占比还不高。但我国农村初中程度与高中程度比重从 1985 年的 34.7% 稳步上升到 2009 年的 64.4%，也就是说农村大多数群体已具备中学文化程度，这对在农村推广手机银行提供了前提条件。

关于农村消费习惯。我国农村要由目前的现金交易模式转变为手机支付模式还需要时间的考验。影响农民消费习惯的主要因素有收入水平、教育、年龄以及观念等因素，还包括文化、相关群体的购买行为、政治经济法律以及手机银行本身等因素。现有相对固化的现金消费习惯并不可怕，手机银行推行的过程本身就是人们的消费习惯改变的过程，但需要时间的考验。

第五节　手机银行与农村金融信息处理：基本机制

手机银行操作傻瓜化，对文化知识要求也较低，普通老百姓（尤其是农户）均可以参与进来。如产品定价、信息处理等都可以通过计算机软件自动完成，用户只需要懂得简单的操作即可，这是手机银行的优势，也是在农村金融中使用手机银行进行信息处理的前提条件。另外，云计算保障了信息高速处理的能力，弥补了手机银行计算能力的限制，同时搜索引擎使得农户从海量信息中能够快速找到自己想要的信息。

一、手机银行信息处理的手段

随着手机逐步走向实名制,手机号码有身份识别功能。通过手机通讯录和通话、短信记录等,移动运营商实际上掌握了农户的核心人际关系网络。随着移动互联网发展以及智能手机的普及,大量消费行为在手机上发生,这些相关信息有助于评估农户的信用,起到对称信息的作用。因此,银行主导下的手机银行,需要与移动运营商合作,进而获取相关信息并进行处理,或者直接允许移动运营商发展手机银行。

手机银行通过引入代理商制度①,不仅可以解决农村基本金融服务空白的问题,还可以进行信息处理。代理商的加入,一方面密切了农户与银行之间的关系,另一方面,由于农户与代理商紧紧"挨"在一起,知根知底,一些农户只可言传的信息,代理商是知晓的,代理商可以通过手机银行将这种软信息转化为硬信息,完成信息的处理。

二、手机银行信息扩散的机制

手机银行的社交网络功能是重要的信息扩散方式。手机与手机银行将社会成员之间联接成一个网络,这样使得相关信息可以在熟人之间、熟人的熟人之间、熟人的熟人的熟人……之间相互进行传播,通过这种传播,生人社会逐渐过渡到熟人社会。成员之间会相互挖掘信息,并在社交网络上进行分享,所有的信息连起来就能形成连续完整的信息。同时手机的通话与短信、上网等功能在加强农

---

① 手机银行解决农村金融的关键是现金存取,要实现现金业务,一般来说需引入代理商,而移动运营商在这方面具有无可比拟的优势。

户亲戚朋友之间联系的同时，可以辅助把生人社会变成熟人社会，实现信息的扩散。

此外，我们还应该借鉴人民银行的征信系统，建立农户信息记录系统。这样各相关主体能够把与农户相关的信息上传至该系统，方便各主体有条件查询农户的相关信息，即信息扩散。同时需要进一步打通司法、工商、税务、海关等多个部门的数据，形成信息共享平台。

最后，网络货币为农户信息扩散提供了激励机制，其前提是需要手机银行植入社交网络，或者建立一个数据库。这分为两个步骤来实现：一是给予注册用户一定数额的免费网络货币，用于查看社交网络内其他成员的信息，免费网络货币用完之后，需要通过发布有用信息来赚取网络货币，方能查看他人的信息，当然也鼓励农户免费发布信息，二是拥有网络货币和为他人提供信息越多的人，其获取信息的权限也就越大。通过以上两个步骤，网络货币为手机银行互相传递信息提供了激励机制。

三、手机银行如何防止虚假信息发布

手机银行可以通过上述途径处理和扩散信息，在这一过程中，手机银行又如何防止虚假信息的发布呢？一是在政府层面，如果农户发布虚假信息，对其进行严厉惩罚。二是市场层面，如果农户发布的信息是虚假的，将会永久地被逐出原有的社交网络，同时在网络上发明一个类似人民银行征信系统的系统，被逐出成员的信用情况将被记录在该系统内，增加其发布虚假信息的成本。并辅之以微博、QQ空间和QQ群等进行传播，一旦某人发布虚假信息，其恶行将在上述渠道广泛传播，坏事将会传千里，发布虚假信息的成员以后无法在网络上立足。

此外，农户在社交网络上的发言可以作为融资的依据，这虽然在某种程度上可以增加发布虚假消息的收益，但同时也增加发布虚假消息的成本，如果惩罚机制是合理的。

附件：手机银行案例

附表1归纳了手机银行的4种主要模式，需要说明两点。第一，多数手机银行属于银行主导模式，移动运营商只提供运营平台。这也是手机银行的最早模式，在发达国家至今仍是主流。

第二，非洲国家出现了大量手机银行创新，而且移动运营商、第三方支付公司等非银行机构在手机银行中扮演了重要角色。比如，肯尼亚的手机银行——M-PESA，由移动运营商主导，已经成为全球接受度最高的手机支付系统，在肯尼亚的汇款业务已超过该国所有金融机构之和。非洲国家金融系统不发达，难以满足人们基本金融服务，特别是物理网点不足，从而为这些新兴手机银行模式带来了巨大发展空间。

附表1　　　　　　　　手机银行的主要模式

	银行主导	合伙企业	非银行主导	非银行发起
谁持有账户或存款	银行	银行	银行	运营商或者其他非银行机构
提现机构	银行	银行	银行或者代理商	运营商或者其他
谁执行支付指令	任何运营商	特定运营商	特定运营商	特定运营商
典型例子	多数手机银行	MTN Mobile Money, Smart	M-PESA, Wizzit	Globe, Celpay

一、国外手机银行案例

（一）肯尼亚 M–PESA[①]

M–PESA 是 Vodafone[②] 在肯尼亚的合作伙伴 Safaricom 于 2007 年推出。一开始主要为解决穷人汇款需求，后来发展到可以通过手机完成转账、汇款、取现、话费充值、付账、发工资和偿还贷款等业务。M–PESA 不仅能在国内汇款，在海外也可以向 M–PESA 用户汇款。M–PESA 成功的一个重要因素是实现存取现金业务。M–PESA 引入邮局、药店、超市等代理商，通过它们来提供现金业务，但客户不直接与代理商发生契约关系，代理商仅仅是代理而已，这一切都在 M–PESA 的控制下完成。

M–PESA 通过收取一定转账费用来实现自身可持续发展。账户查询和更换 PIN 号码要收费，但账户注册、存款和通过 M–PESA 进行话费充值都免费。M–PESA 还打通了移动运营商和银行之间的通道，可以实现 M–PESA 账户和银行账户之间的转账，同时也可以通过银行的 ATM 机取现。

[①] 资料来源：http://www.safaricom.co.ke/。
[②] Vodafone（沃达丰集团股份有限公司）是跨国移动运营商。总部设在英国波克夏郡的纽布利（Newbury）及德国杜塞尔多夫，是全球最大的移动通信运营商之一，其网络直接覆盖 26 个国家，并在另外 31 个国家与其合作伙伴一起提供网络服务。

附表2　　　　　　　　　M–PESA收费　　　　　单位：肯尼亚先令[①]

金额区间		向其他M–PESA用户转账	向非M–PESA用户转账	从M–PESA代理商提现
10	49	3	N/A	N/A
50	100	5	N/A	10
101	500	25	60	25
501	1 000	30	60	25
1 001	1 500	30	60	25
1 501	2 500	30	60	25
2 501	3 500	30	80	45
3 501	5 000	30	95	60
5 001	7,500	50	130	75
7 501	10 000	50	155	100
10 001	15 000	50	200	145
15 001	20 000	50	215	160
20 001	25 000	75	250	170
25 001	30 000	75	250	170
30 001	35 000	75	250	170
35 001	40 000	75	N/A	250
40 001	45 000	75	N/A	250
45 001	50 000	100	N/A	250
50 001	70 000	100	N/A	300

金额区间		ATM提现收费
200	2 500	30
2 501	5 000	60
5 001	10 000	100
10 001	20 000	175

注：M–PESA账户最大余额为10万先令，每天转账不能超过14万先令，而每次不能超过7万先令，M–PESA的代理商不受理50先令以下取现。

M–PESA虚拟账户的设计使其不属于肯尼亚法律下的银行活

[①] 2013年12月底，1元人民币约兑14先令。

动。因此，Safaricom 可以根据自己的商业判断选择代理商，Safaricom 和 Vodafone 不对代理商的经营负责。M–PESA 客户协议规定，Safaricom 对代理商提供 M–PESA 服务项目中出现的问题不承担任何责任。对 M–PESA 这种由非银行机构主导的无网点银行服务，监管方面除了要求把客户储值的资金存入多家银行外，基本上没有什么严格监管。

M–PESA 最早只有约 5.2 万家用户，355 家代理商。到 2011 年 4 月，M–PESA 用户增长到约 1 400 万，代理商增加到近 3 万家。M–PESA 的成功引起了很多新兴市场国家的兴趣，比如坦桑尼亚、南非、阿富汗、印度、埃及，它们已经或试图复制 M–PESA 的成功经验。

（二）南非 Wizzit[①] 和 MTN Mobile Money[②]

Wizzit 由移动运营商 MTN 公司和标准银行（Standard Bank）合办的 MTN 金融公司于 2004 年 11 月推出。Wizzit 定位为虚拟银行，没有网点或分支机构，目标用户是 1 600 万南非低收入群体（全国成年人口的 48%）。除了通过手机完成转账、支付、话费充值、发工资和账单查询等金融服务外，Wizzit 还给每位用户发放一张带有 Maestro 标志的借记卡。用户可以使用该卡在银行的 ATM 取款，也可以在银行的分支机构存款。Wizzit 不通过媒体来宣传，而是重点栽培 2 000 多名 WIZZ Kids，通过他们来宣传 Wizzit，同时也起到类似代理商的作用。但 WIZZ Kids 不负责存取款业务，只是方便用户注册 Wizzit。用户也可以在 400 多个 Dunn's stores 处注册 Wizzit。

考虑到金融包容需要，Wizzit 没有最低账户余额要求，也没有固定费用，具体交易费用取决于交易类型（附表3）。与南非的其他交

---

① 资料来源：http://www.wizzit.co.za/。
② 资料来源：http://www.mtnbanking.co.za。

易方式相比,Wizzit 的交易费用较低,这是其最大优势。但因为 Wizzit 使用者群体规模大,Wizzit 可以实现商业可持续性。

附表3　　　　　　　　　**Wizzit 收费**①　　　　　　单位:南非兰特②

使用手机交易	
话费充值	免费
余额查询	0.99c
Wizzit 与 Wizzit 交易	R3.99
Wizzit 与非 Wizzit 交易	R4.99
使用卡交易	
POS 消费	R3.99
Cash bank	R1.99
ATM 取款	R4.00+0.99c/R100
ATM 余额查询	R4.99
其他方面	
执行命令/中止命令	R4.99
存款	现金:1% min R4-99
	支票:R4.99
资金不足	R20.00
账户开通与卡费	R39.99
挂失与补办	R19.99
结算	R4.99
账单支付	0.99c
预付电费	0.99c

注:R 为南非兰特的符号,c 为南非辅币的符号,1R=100c。

Wizzit 与所有移动运营商都兼容,这大大拓展了其使用范围。为保证客户资金安全,Wizzit 设置了强制性暂停交易(但能提供合理证明的除外)。比如,24 小时内借记卡交易超过 5 000 兰特,账户余额超过 2.5 万兰特,会强制性暂停交易。Wizzit 只对客户资金安全提

---

① 资料来源:Mobile Phone Banking and Low-Income Customers:Evidence from South Africa。
② 2013 年 12 月底,1 人民币约兑 1.7 兰特。

供基本保护，客户要谨慎保管好 Wizzit 卡和密码，除非 Wizzit 有重大过失，客户要对自己的资金安全负全责。

MTN Mobile Money 由南非移动运营商 MTN 在 2005 年 8 月推出，但软件和技术支持则由南非手机银行支付软件开发商 Fundamo 提供。Mobile Money 主要针对没有获得金融服务的人，服务包括转账、购物支付、MTN Mobile Money 借记卡、在 MTN 合作银行的 ATM 提取现金等，但在南非以外地区无法使用。

为了实现商业可持续性，Mobile Money 针对不同业务设置不同价格，但通过 Mobile Money 进行话费充值、电费缴纳和账户查询等不收取费用，而在 ATM 上实现相关业务则收取较高费用，尤其是跨行。

附表 4　　　　MTN Mobile Money 收费　　　　单位：南非兰特

支付与购买	费用
支付给 Mobile Money	R3.00
支付给银行账户	R3.00
EasyPay 账单支付	R3.00
支付电费	免费
取款	费用
标准银行的 ATM	R5.00
标准银行的网点	1% or R20.00 minimum
非标准银行的 ATM	R10.00
账户查询	费用
通过手机	R0.00
标准银行的 ATM	R1.00
非标准银行的 ATM	R3.00
MasterCard 服务	费用
购买	R1.00
存款	费用
标准银行的 ATM	1% or R3.00 minimum
标准银行的网点	1% or R5.00 minimum
EasyPay 网点	1% or R5.00 minimum

为保护客户资金安全，Mobile Money 使用密码、语音认证和短信认证等多重认证方式，还设置每日交易限制。同时，现金存款需要 2 个工作日才能到账，支票存款需要 10 个工作日才能清算。

（三）菲律宾 G–Cash[①] 和 SMART Money[②]

G–Cash 由菲律宾移动运营商 Globe Telecom 于 2004 年推出。用户通过手机短信即可完成 G–Cash 注册。通过 G–Cash，用户可以完成存取款、转账、国内汇款、支付、话费充值、发放工资、跨国汇款和偿还小额贷款等业务。G–Cash 引入了代理商，主要是药店、邮局、便利店、加油站、彩票点和杂货店等，通过它们来实现存取款业务。存取款也可以在 Globe Telecom 的营业厅或银行网点来办理。G–Cash 还实现了银行账户之间的转账，但 G–Cash 属于非银行主导模式，银行等金融机构只是代理商。

目前，G–Cash 用户已超过 120 万，G–Cash 的资金流通量已超过 600 亿菲律宾比索[③]。G–Cash 用户无需支付在代理商处存取款的手续费，手续费由 G–Cash 供应商支付。G–Cash 还发给每位用户一张 G–Cash 卡。该卡没有固定费用，也没有年费，可以在 3.3 万家合作商家处免费刷卡，也可以在 9 000 个 ATM 上取款，但取款要按次收取 20 比索的手续费。

菲律宾央行对 G–Cash 主要有以下监管要求。第一，用户注册手机银行账户时，必须提供身份证、姓名和住址等信息。第二，为保护存款人利益，Globe Telecom 要按照 1∶1 的比例在其专用银行账户中保持与手机银行账户相等的资金。第三，G–Cash 对每日和每月的交易额设置上限。比如，单笔交易额不得超过 1 万比索，日交

---

① 资料来源：http://gcash.globe.com.ph/。
② http://smart.com.ph/和www.bdo.com.ph。
③ 2013 年 12 月底，1 人民币约兑 6.6 比索。

易额不超过4万比索，月交易额不超过10万比索。第四，Globe Telecom每月必须向菲律宾央行提交业务报告，并且参加由菲律宾央行组织的反洗钱培训。第五，所有代理商都必须向菲律宾央行提出注册申请①，代理商必须保留5年之内的交易记录。

SMART Money是由移动运营商SMART和BDO银行在2000年11月合作推出，其本质是银行服务的延伸，属于银行主导的模式，这与G-Cash有所不同（具体见附表5）。SMART Money只能适用于SMART和TNT的手机。截至2011年4月，SMART Money已经拥有超过750万的用户，资金量达130亿菲律宾比索（约3亿美元）。

SMART Money卡是可充值的支付卡，就像一张真正的借记卡或现金卡，SMART用户不论身在何处，都能通过手机享受到金融服务。SMART Money不仅可以实现转账、支付等业务，同时也可以在其联合银行的ATM上存取款，此外还提供了小额贷款、小额交易等微观金融项目。最近，SMART还与万事达（Master Card）合作。这使得SMART Money用户能够在海外获得移动理财业务，如海外汇款等。此外，SMART Money还可以通过短信来借还款。

SMART Money在BDO ATMs上的取款费用为5.00菲律宾比索，而在其他银行ATM上的取款费用则为15.00菲律宾比索，而详细的收费情况在其官方网站未能找到，因此未能报告。

SMART Money属于菲律宾中央银行的审慎监管范畴，同时移动服务商还要受到反洗钱方面的监管。此外，SMART Money在其合作银行账面上被记为应付账款，而不是储蓄，这样做便降低了银行的监管成本，而客户得到较低程度的保护。

---

① 2010年后允许Globe Telecom批量向菲律宾央行进行代理商注册，但Globe Telecom需承担由代理商所引起的全部责任。

附表5　　　　　　　　G – Cash 与 SMART Money 的对比

移动服务提供商	SMART	Globe
合作伙伴	Bancode Oro（BDO）	结算所等
基本模式	银行主导	非银行主导
手机银行名称	SMART Money	G – Cash
发起日期	2000年11月	2004年10月
服务内容	存取款、转账、支付等	转账、支付和取款等
安全措施	SIM加密；ID	SIM加密；ID

二、国内手机银行案例

目前，国内银行中已经推出手机银行业务的包括：工、农、中、建、交等大型国有银行、全国性股份制银行、部分城商行和农商行以及极少数农合行、新型农村金融机构和农信社。区域性银行的手机银行基本是网络银行的手机化。有特色且与我国农村金融相关的手机银行包括无卡取现、手机银行—农户小额贷款、手机银行按址汇款和手机金融等。

（一）交通银行等手机银行无卡取现

手机银行无卡取现首先由交行推出，此后广发行、深发展、工行等也推出了类似业务。持卡人先要通过手机银行预约ATM取款。预约后，凭预约手机号码、预约号及预约银行卡的取款密码，即可实现无卡取款，而无须向ATM插入银行卡。持卡人不仅可以在本人忘记带卡（或银行卡遗失）时应急取现，还可以为远方急需现金的亲友提供便利的取款服务。更重要的是，这项服务使持卡人免于不法分子在ATM上设置盗卡装置等带来的潜在安全威胁。但无卡取现需要有ATM配合，目前主要在城市，农村推广的比较少。

（二）农业银行的手机银行小额信贷

手机银行—农户小额贷款由农行推出，于 2009 年 12 月起在广西、河南分行所属辖区内先行试点，目前仅针对广西、河南惠农卡客户提供专项服务。手机银行—农户小额贷款可为客户提供包括自助借款、自助还款、还款试算、合约信息查询、贷款信息查询、还款明细查询的六项基本功能。这项服务有多赢效果：农民足不出户就能实现贷款，农行在降低交易成本的同时拓展了农村市场，政府则解决了金融包容问题。

（三）邮政储蓄的手机银行按址汇款

手机银行按址汇款由邮储银行推出。通过此功能，农户可以按汇款人提供的收款人名址等信息，以投递取款通知单的方式来完成汇款。这项服务的意义在于，有些偏远地区的农民没有银行卡，但按址汇款是适用的。

（四）重庆农商行的手机金融

手机银行还可以融合其他金融服务。重庆农商行的手机银行就不限于网银的手机化，而是将基础金融服务、多领域移动支付应用以及跨行业移动支付运用高度整合。比如，自助银行，客户足不出户即可自助办理各项非现金业务；远程支付，帮助客户在网上购物、缴费、充值游戏点卡、订购机票、预订酒店等；近场支付，客户用手机刷 POS 机和持手机就可搭公交、乘地铁、看电影等。

以上几种手机银行业务，虽然各具特色，但还没有在我国农村普及，目前为农村金融提供服务的产品主要是利用手机来满足农民汇款和转账等方面的需求。如山东省临淄农商行召口支行利用手机银行来满足外地打工者及农村居民金融需要，农民开通了手机银行，转账、汇款、查询等直接用手机发短信就可以操作，省时、方便又安全。此外，各地区的农村商业银行和农信社已经或者正在农村推广手机银行，来为农民提供金融服务。

参 考 文 献

[1] 白钦先、秦援晋：《"退而更化"：中国合作金融的改良之路》，载《财经理论与实践》，2007（6）。

[2] 曹力群：《当前我国农村金融市场主体行为研究》，载《金融论坛》，2001（5）。

[3] 曹廷求、段玲玲：《治理机制、高管特征与农村信用社经营绩效——以山东省为例的实证分析》，载《南开管理评论》，2005（4）。

[4] 陈天阁、邓学衷、方兆本：《农户融资与信贷供给—来自安徽的调查分析》，载《农村金融研究》，2005（1）。

[5] 陈修山：《我国农村小额贷款公司支农问题研究》，载《经济研究导刊》，2013（5）。

[6] 陈锡文：《资源配置与中国农村发展》，载《中国农村经济》，2004（1）。

[7] 陈鹏：《农村信用社改革绩效：来自贵州的证据》，2010年贵州省社会科学年会数量经济学会论文集。

[8] 费孝通：《乡土中国：生育制度》，北京大学出版社，1998。

[9] 费孝通：《江村经济——中国农民的生活》，商务印书馆，2001。

[10] 龚方乐：《农户呼唤贷款信用社市场广阔》，载《中国农村信用合作》，2000（8）。

［11］郭沛：《中国农村非正规金融规模估算》，载《中国农村观察》，2004（2）。

［12］黄惠春：《金融市场准入与农信社信贷支农关联：苏北样本》，载《改革》，2011（2）。

［13］黄宗智：《华北的小农经济与社会变迁》，中译本，中华书局，2000。

［14］黄宗智：《长江三角洲小农经济与乡村发展》，中译本，中华书局，2000。

［15］胡国峰：《试论农村民间金融的正规化》，复旦大学硕士学位论文，2009。

［16］韩俊、罗丹、程郁：《信贷约束下农户借贷需求行为的实证研究》，载《农业经济问题》，2007（2）。

［17］何广文、冯兴元，《农村金融体制缺陷及其路径选择》，载《中国农村信用合作》，2004（8）。

［18］何剑伟：《小额信贷商业化中的目标偏移——一个理论模型及西部小额贷款公司的经验研究》，载《当代经济科学》，2012（4）。

［19］蒋定之：《有效解决农村信用社体制机制和效率问题》，载《中国金融》，2007（23）。

［20］陆磊：《走在十字路口的农村信用社改革：一个中期评估》，载《南方金融》，2005（10）。

［21］陆磊、丁俊峰：《中国农村合作金融转型的理论分析》，载《金融研究》，2006（6）。

［22］刘朝晖、徐丽：《解读中国农户金融需求的满足——农村外生金融与内生金融的比较》，载《首都经济贸易大学学报》，2005（4）。

［23］刘莉亚、胡乃红、李基礼、柳永明、骆玉鼎：《农户融资

现状及其成因分析——基于中国东部、中部、西部千社万户的调查》，载《中国农村观察》，2009（3）。

[24] 刘锡良：《中国转型期农村金融体系研究》，中国金融出版社，2006。

[25] 刘锡良、齐稚平：《城乡统筹视野的城市金融与农村金融对接：成都个案》，载《改革》，2010（2）。

[26] 林毅夫：《信息、非正规金融与中小企业融资》，载《经济研究》，2005（7）。

[27] 林毅夫、Feder，G.、刘遵义和罗小朋：《中国的农业信贷与农场绩效》，载《比较》卷13，1989。

[28] 李莹星、汪三贵：《农村信用社缘何热衷"转贷"?》，载《调研世界》，2005（1）。

[29] 李锐、李超：《农户借贷行为和偏好的计量分析》，载《中国农村经济》，2007（8）。

[30] 李锐：《农户借贷行为及其福利效果分析》，载《经济研究》，2004（12）。

[31] 李剑阁：《农民就业、农村金融和医疗卫生事业问题的几点意见》，《比较》第7辑，中信出版社，2003。

[32] 罗伯特·吉本斯著（高峰译）：《博弈论基础》，中国社会科学出版社，1999。

[33] 覃道爱、李兴发：《基于SBM – Undesirable模型的我国农村信用社改革绩效评价》，载《金融研究》，2009（10）。

[34] 孙犇、宋艳伟：《官员晋升、地方经济增长竞争与信贷资源配置》，载《当代经济科学》，2012（1）。

[35] 宋磊、王家传：《山东省农村信用社产权改革绩效评价的实证研究》，载《农业经济问题》，2007（8）。

[36] 史清华：《农户家庭储蓄与借贷行为及演变趋势研究》，

载《中国经济问题》，2002（6）。

［37］汤敏：《农村金融开放与农行机会》，载《农村金融研究》，2007（4）。

［38］温铁军等：《农户信用与民间借贷》，中国人民银行货币政策委员会委托课题报告，2000。

［39］温铁军：《农村合作基金的兴衰史》，载《中国改革》，2004（4）。

［40］吴晓灵：《完善农村金融服务体系，支持社会主义新农村建设》，载《中国金融》，2006（11）。

［41］王俊芹、宗义湘、赵邦宏：《农村信用社改革的绩效评价及影响因素分析》，载《农业技术经济》，2010（6）。

［42］王芳：《我国农村金融需求与农村金融制度：一个理论框架》，载《金融研究》，2005（4）。

［43］王睿、蒲勇健：《中西部地区农村小额信贷机构发展现状实证研究》，载《统计研究》，2008（4）。

［44］王翼宁、赵顺龙：《外部性约束、认知偏差、行为偏差与农户贷款困境》，载《管理世界》，2007（9）。

［45］汪三贵：《贫困农户信贷资金的供给与需求》，中国农业出版社，2001。

［46］西南财经大学中国金融研究中心调研组：《农村金融改革值得探讨的几个理论问题》，载《金融研究》，2006（8）。

［47］肖圆圆：《我国小额贷款公司发展问题研究》，硕士学位论文，东北财经大学，2011。

［48］谢平：《中国农村信用合作社体制改革的争论》，载《金融研究》，2001（1）。

［49］谢平、徐忠、沈明高：《农村信用社改革绩效评价》，载《金融研究》，2006（1）。

［50］谢平、徐忠：《新世纪以来农村金融改革研究》，中国金融出版社，2013。

［51］徐诺金：《怎样看待当前的农村信用社改革》，载《中国金融》，2007（9）。

［52］徐滇庆：《制度创新与农村金融改革》，载《武汉金融》，2004（9）。

［53］杨菁：《关于农村信用社发展模式的思考》，载《农村经济》，2004（12）。

［54］杨羽飞、梁山：《深化农村信用社改革若干问题的探讨》，载《金融研究》，2005（3）。

［55］杨子强：《股东选择与权利实现：农村信用社改革的基础性问题》，载《金融研究》，2005（2）。

［56］岳意定、杨波、谢双艳：《我国农村金融市场效率内涵研究》，载《西华大学学报（哲学社会科学版）》，2005（5）。

［57］赵泉民：《农村民间借贷兴盛的内蕴、效应及对策》，载《农业经济问题》，2003（10）。

［58］赵志刚、巴曙松：《我国村镇银行的发展困境与政策建议》，载《新金融》，2011（1）。

［59］张亦春、张金斌：《村镇银行的顶层设计问题与发展困境》，载《中国金融》，2011（23）。

［60］张兵、曹阳：《商业可持续、支农力度与农村信用社新一轮制度变迁》，载《中国农村经济》，2010（6）。

［61］张军：《储蓄差异与贷款需求的满足——一个经济外向型村庄农户金融活动分析》，载《中国农村观察》，2000（3）。

［62］张杰：《二重结构与制度演进：对中国经济史的一种新的尝试性解释》，载《社会科学战线》，1998（6）。

［63］张杰：《中国金融制度的结构与变迁》，山西经济出版

社，1998。

[64] 张杰：《转轨经济中的金融中介及其演进：一个新的解释框架》，载《管理世界》，2001（5）。

[65] 张杰：《经济变迁中的金融中介与国有银行》，中国人民大学出版社，2003。

[66] 张杰：《中国农村金融制度：结构、变迁与政策》，中国人民大学出版社，2003。

[67] 张杰：《解读中国农贷制度》，载《金融研究》，2004（2）。

[68] 张杰：《农户、国家与中国农贷制度》，载《金融研究》，2005（2）。

[69] 张杰、高晓红：《注资博弈与中国农信社改革》，载《金融研究》，2006（3）。

[70] 张红宇：《中国农村金融组织体系：绩效、缺陷与制度创新》，载《中国农村观察》，2004（3）。

[71] 曾康霖：《我国农村金融模式的选择》，载《金融研究》，2001（10）。

[72] 周小川：《关于农村金融改革的几点思路》，载《经济学动态》，2004（8）。

[73] 周小斌、耿洁、李秉龙：《影响中国农户借贷需求的因素分析》，载《中国农村经济》，2004（8）。

[74] 周天芸、李杰：《农户借贷行为与中国农村二元金融结构的经验研究》，载《世界经济》，2005（11）。

[75] 周立：《农村金融市场四大问题及其演化逻辑》，载《财贸经济》，2007（2）。

[76] 周黎安：《晋升博弈中政府官员的激励与合作》，载《经济研究》，2004（6）。

[77] 周迟:《小额贷款国内外研究现状及发展动态》,载《生产力研究》,2012(5)。

[78] 周剑远:《小额贷款公司在中国发展现状数据分析》,载《现代经济信息》,2012(19)。

[79] 朱喜、李子奈:《我国农村正式金融机构对农户的信贷配给——一个联立离散选择模型的实证分析》,载《数量经济技术经济研究》,2006(3)。

[80] 郑红亮:《公司治理理论与中国国有企业改革》,载《经济研究》,1998(10)。

[81] 中国人民银行成都分行课题组:《贫弱地区农村金融制度绩效研究——甘孜州案例分析》,载《金融研究》,2006(9)。

[82] 中国人民银行农户借贷情况问卷调查分析小组:《农户借贷情况调查问卷调查分析报告》,经济科学出版社,2009。

[83] 中国人民银行研究局中国农村金融服务研究小组:《中国农村金融服务报告》,中国金融出版社,2008。

[84] 中国人民银行农村金融服务研究小组:《中国农村金融服务报告》,中国金融出版社,2010。

[85] A. Watson. "Financing Farmers: the Reform of Rural Credit Cooperatives and Provision of Financial Services to Farmers in Rural financial markets in China", Asia Pacific Press, 2003.

[86] Ann. Hoyt. "Determinants of board composition in New Zealand: a simultaneous equations approach", *Journal of Empirical Finance* 9, 373–397, 1996.

[87] Clarke, Daniel, Stefan Dercon. "Insurance, Credit, and Safety Nets for the Poor in World of Risk", Working Paper Prepared for UN DESA/DPAD, 2008.

[88] D. G. McKillop. "Financial cooperatives: structure, con-

duct and performance", *Annals of Public and Cooperative Economics* 76, 301 – 305, 2005.

[89] D. Ralston, A. Wright and K. Garden. "Can mergers ensure the survival of credit unions in the third millennium?", *Journal of Banking and Finance* 25, 2277 – 2304, 2001.

[90] Emmons, W. R, Schmid, F. A, 2000. "Banks vs. credit unions: Dynamic competition in local markets", Federal Reserve Bank of St. Louis, Supervisory Policy Analysis Working Papers: 2000 – 006A, 2000.

[91] K. Davis. "Credit union governance and survival of the cooperative form", *Journal of Financial Services Research* 19, 197 – 210, 2001.

[92] Kellees S. Tsai. "Imperfect Substitutes: The Local Political Economy of Informal Finance and Microfinance in Rural China and India", World Development Vol. 32, No. 9, pp. 1487 – 1507, 2004.

[93] N. Barou. "Co – operative Banking", London: London Press, 32 – 33, 1932.

[94] R. A. Taylor. "The credit union as a cooperative institution", *Review of Social Economy* 24, 207 – 217, 1971.

[95] R. J. Tokle and J. G. Tokle. "The influence of credit union and savings and loan competition on bank deposit rates in Idaho and Montana", *Review of Industrial Organization* 17, 427 – 439, 2000.

[96] Stiglitz, J. E. and Weiss, A. "Credit Rationing in Markets with Imperfect Information"., *American Economic Review* 71 (3), pp. 393 – 410, 1981.

[97] Plsehke, Adams, Donald. "Rural financial markets in developing country", The Johns Hopkins University Press, 187 – 193, 1987.

［98］Popkin, S., 1979: The Rational Peasant : the Political Economy of Rural Society in Vietnam, Berkeley : University of California Press.

［99］Yaron, Jacob, 1992: Successful Rural Finance Institutions, World Bank Discussion Paper 150, Washington.